JN015660

合格公務員!

教養試験
実戦問題集

はじめに

公務員の採用試験は、公開・平等を原則とした試験の成績にもとづく実力本位の試験です。

毎年大変高い競争率になるにもかかわらず、好不況による影響を受けない安定性や将来性、厚い身分保障、公共の利益のための職務というやりがいなど、公務員という職業には依然として根強い人気があります。

試験の構成は、国家と地方、または職種によって、教養試験や専門試験、適性試験などいくつかに区分されます。

本書は、国家公務員一般職（高卒程度）試験、地方公務員（都道府県職員・市役所職員）初級試験で行われる“教養試験”対策の問題集です。

教養試験は一般知識と一般知能の２つに分けられ、試験の出題水準は、国家一般職、地方初級とも高校卒業程度となっています。しかし出題される範囲は広く、社会・国語・数学・理科・文章理解・判断推理・数的推理・資料解釈など多岐にわたります。解答形式は、１～５の選択肢から正しいものもしくは誤っているものを１つ選ぶ五肢択一式ですが、問題は巧妙につくられており、選択肢を比較するだけでは正答は選べません。さらに短時間に多くの問題を解答するスピードも要求されます。

本書は、過去の国家Ⅲ種、地方初級公務員試験の出題傾向を分析して、頻出される問題を短期間で効率的に学習できるように構成されています。特に、多くの受験生が苦手とする一般知能分野の判断推理・数的推理については、よく出る問題を例題としてあげています。例題で基本的な問題の考え方・解き方を解説してありますので、例題をマスターしてから問題を解いてください。

本書を活用して、合格の栄冠を手にし、公務員として活躍されることを期待しています。

編　者

CONTENTS

CONTENTS

第2章 一般知能

●本文デザイン：コミュニケーション・アーツ（株）
●本文イラスト：中村頼子
●執 筆 協 力 ：（株）カルチャープロ、茂木　繁
●編 集 協 力 ：（株）全通企画、佐藤浩信

第1章

一般知識

公務員試験の一般知識問題は、国語から理科、社会と出題範囲が広くつかみどころがないように感じられます。しかし、頻出問題を中心に系統だてた学習をしていけば、必ず得点に結びつきます。間違えた問題もどこを間違えたのか、解説を読んで確実にマスターしていきましょう。

Lesson 1 政治・経済

民主政治

1 次の（ ）に入る語の組合せとして正しいものは、次のどれか。

（①）は、その著書（②）の中で民主政治には行政・立法・司法の三権分立の考え方が必要であると提唱し、その後の（③）憲法や（④）に大きな影響を与えた。

	①	②	③	④
1	ルソー	社会契約論	アメリカ合衆国	イギリス革命
2	モンテスキュー	法の精神	アメリカ合衆国	フランス革命
3	ベンサム	道徳・立法原理論序説	イギリス	フランス革命
4	ホッブズ	リヴァイアサン	フランス	イギリス革命
5	ロック	市民政府二論	アメリカ合衆国	フランス革命

よく出る

2 民主主義の基本思想に関する語として誤っているものは、次のどれか。

1 三権分立　2 個人の自由と平等　3 協同社会
4 国民主権　5 多数決の原理

憲　法

3 国会に関する記述として正しいものは、次のどれか。

1 国会議員には不逮捕特権が与えられており、会期中には一部の例外を除いて逮捕されることはない。
2 衆参両議院とも、各々その総議員の3分の2以上の出席がなければ、議事を開いて議決することはできない。
3 衆参両議院とも、内閣不信任議決権を有している。
4 通常国会は毎年1月に召集され、会期は120日間である。ただし、衆参両議院の一致議決があれば1回だけ延長することができる。
5 臨時国会は衆議院議員の4分の1以上の要求がなければ召集できない。

よく出る

4 衆議院が参議院に優越しないものは、次のどれか。

1 法律案の決議
2 内閣総理大臣の指名
3 憲法改正の発議
4 予算の決議
5 条約の承認

よく出る

5 任期について正しいものは、次のどれか。

1 参議院議員→3年
2 衆議院議員→2年
3 都道府県知事→4年
4 地方公共団体の議員→6年
5 教育委員（教育委員会）→3年

よく出る

6 被選挙権に関する記述として誤っているものは、次のどれか。

1 衆議院議員については満25歳以上の者、参議院議員については満30歳以上の者に被選挙権がある。
2 都道府県の議会議員については、その選挙権を有する満30歳以上の者に被選挙権がある。
3 都道府県知事については、満30歳以上の者に被選挙権がある。
4 市町村の議会議員については、その選挙権を有する満25歳以上の者に被選挙権がある。
5 市町村長については、満25歳以上の者に被選挙権がある。

解答 1 2　2 3　3 1　4 3　5 3　6 2

解説 2 3. 協同社会は、社会主義思想の基本である。

3 2. 衆参両議院とも、各々の総議員の3分の1以上の出席があれば、議事を開いて議決できる。3. 内閣不信任議決権は衆議院のみにある。4. 通常国会の会期は150日間。5. 臨時国会の召集は内閣、または衆参両院のいずれかの議院の総議員の4分の1以上の要求が必要である。

5 1. 参議院議員の任期は6年（3年ごとに半数が改選）。2. 衆議院議員は4年。4. 地方公共団体の議員は4年。5. 教育委員会の委員は4年。

6 2. 都道府県の議会議員は、その選挙権を有する満25歳以上の者に被選挙権がある。

7 日本の議会は衆議院と参議院の2院制（両院制）であるが、2院制に関する記述として妥当でないものは、次のどれか。

1　審議が慎重にでき、さらに一方の院の過誤を補うことができる。

2　2院が相互に牽制しあうことによって、議会の権力乱用を防止できる。

3　2院によってさまざまな階層の、また広い地域の人々の利益意見を政治に反映させやすくなる。

4　一方の院が解散、総選挙中であっても審議を続行することができる。

5　多数派の横暴や、政党の党首の独裁などの弊害を防ぐことができる。

◎よく出る

8 次の記述は憲法改正の手続きに関するものであるが、（　）に入る語の組合せとして、正しいものはどれか。

衆参両議院で、各々の総議員の（①）以上の賛成があれば（②）が発議し、国民投票または国会の定める選挙の際に行われる投票で国民の（③）の賛成を得て成立する。公布は（④）が行う。

	①	②	③	④
1	半数	内閣	3分の2	内閣総理大臣
2	3分の2	国会	過半数	天皇
3	4分の3	国会	過半数	天皇
4	半数	内閣	過半数	内閣総理大臣
5	3分の2	国会	3分の2	天皇

◎よく出る

9 議院内閣制度に関する記述として正しいものは、次のどれか。

1　与党が野党に対して責任を負い、その信任を失った場合には総辞職する制度をいう。

2　内閣は国民に対して責任を負い、その信任を失った場合には総辞職する制度をいう。

3　政府は国会議員に対して責任を負い、その信任を失った場合には総辞職する制度をいう。

4　内閣は議会に対し連帯して責任を負い、その信任を失った場合には総辞職する制度をいう。

5　政府は衆議院に対し責任を負い、その信任を失った場合には総辞職する制度をいう。

10 罷免権に関する記述として正しいものは、次のどれか。

1 各国務大臣を辞めさせる権限をいう。この権限は内閣が有しているが、罷免権の行使には、国会の承認が必要である。

2 国会議員を辞めさせる権限をいう。この権限は内閣総理大臣が有し、任意に行使できる。

3 内閣総理大臣が任意に国務大臣を辞めさせる権限をいい、国会や内閣の同意を必要としない。

4 内閣総理大臣が最高裁判所裁判官を辞めさせる権限をいう。

5 内閣総理大臣が任意に国務大臣を辞めさせる権限であるが、歴代の内閣総理大臣において、一度も行使されたことがない。

◎よく出る

11 日本の三権分立に関する記述として誤っているものは、次のどれか。

1 すべての裁判官は国民審査を受けなければならない。

2 裁判官を審査する弾劾裁判所は、国会に設置される。

3 違憲立法審査権は、最高裁判所および下級裁判所ともに有している。

4 国会の国政調査権は、立法・行政・司法に関することに広く及ぶ。

5 内閣総理大臣は、各国務大臣の過半数を国会議員の中から任命する。

解答 7 5　8 2　9 4　10 3　11 1

解説

7 5. 1院制であっても2院制であってもこうした弊害は生じる。

9 4. 憲法66条3項に『内閣は、行政権の行使について、国会に対し連帯して責任を負う』と定めてある。

10 3. 罷免権は内閣総理大臣が有する権限で、国会や内閣の承認なしに各国務大臣を任意に辞めさせることができる（憲法68条2項）。5. 過去に罷免権が行使された例として、2010年、当時の福島瑞穂内閣府特命担当大臣が挙げられる。これは米軍普天間飛行場（沖縄県宜野湾市）の移転先を同県名護市の辺野古周辺とする政府方針に、同大臣が応じなかったためである。

11 1. 国民審査を受けるのは、最高裁判所裁判官だけである。

12 国務大臣に関する記述として正しいものは、次のどれか。

1　すべての国務大臣は、衆議院または参議院の議員でなければならない。

2　国務大臣は他の国務大臣を兼務することはできない。

3　国務大臣はすべて文民でなければいけない。

4　国務大臣はいかなる理由があっても内閣総理大臣の職務を行うことはできない。

5　国務大臣は主任の大臣として、行政事務のすべてを管理しなければならない。

よく出る

13 国家公務員の一般職に関する記述として誤っているものは、次のどれか。

1　公務員は人事院に対して不服申し立ての権利を有する。

2　公務員は法律、または命令の定める場合を除いては官職を兼ねてはいけない。

3　公務員は自ら営利企業を営んではいけない。

4　公務員は政令の定めるところにより服務の宣言をする。

5　公務員は公選による公職の候補者になることができる。

よく出る

14 天皇の国事行為として誤っているものは、次のどれか。

1　大赦、特赦、減刑、刑の執行の免除および復権を認証する。

2　憲法改正、法律、政令および条約の公布。

3　国会を召集する。

4　外国の大使および公使を接受する。

5　国務大臣を任命する。

よく出る

15 裁判官の任命に関する記述として正しいものは、次のどれか。

1　最高裁判所の長官は、内閣の指名に基づいて天皇が任命する。

2　最高裁判所の長官以外の裁判官は、内閣総理大臣が任命する。

3　下級裁判所の裁判官は、内閣が指名した者の名簿に基づいて内閣総理大臣が任命する。

4　下級裁判所の裁判官は、国会の指名に基づいて天皇が任命する。

5　最高裁判所および下級裁判所のすべての裁判官は、閣議の決定に基づいて内閣総理大臣が任命する。

16 次の記述は国の予算に関するものである。(　)に入る語の組合せとして、正しいものはどれか。

国の会計年度は(①)から(②)までの期間をいい、毎会計年度ごとに予算を編成しなければならない。予算編成権は(③)にあり、予算審議の先議権が衆議院に認められている。そのため衆議院の可決後、(④)日を過ぎても参議院が議決しない場合には、衆議院の議決が国会の議決になる。

	①	②	③	④
1	1月1日	12月31日	国会	14
2	3月1日	翌年2月28日	内閣	20
3	5月1日	翌年4月30日	国会	30
4	4月1日	翌年3月31日	内閣	30
5	4月1日	翌年3月31日	国会	45

解答 12 3　13 5　14 5　15 1　16 4

解説

12 1. 国務大臣には、民間人を起用することもできるが、全国務大臣の過半数は国会議員の中から選ぶ(憲法68条)。2. 同一の国務大臣が他の国務大臣も兼務できる(内閣法10条)。4. 内閣総理大臣が事故、または欠けた場合、あらかじめ指定する国務大臣が臨時にその職務を行うことができる(内閣法9条)。5. 国務大臣は行政事務を分担管理する(内閣法3条)。

13 1. 人事院に対しての不服申し立ては認められている(国家公務員法90条)。2. 法律、または命令の定める場合を除いて官職を兼ねることは禁止されている(同法101条)。3. 公務員は国民全体の奉仕者であり、公僕性が極めて高いので、自ら営利企業は営めない(同法103条)。5. 公務員は、公選による公職の候補者になることは禁止されている(同法102条2項)。

14 5. 国務大臣の任命は内閣総理大臣が行う。

15 2. 最高裁判所の長官以外の裁判官は、内閣が任命し天皇が認証する。3. 4. 下級裁判所の裁判官は、最高裁判所の指名した者の名簿に基づいて、内閣が任命する。

16 4. 国の会計年度は4月1日から翌年3月31日。予算編成権は内閣にある。予算審議の先議権は衆議院にあり、衆議院の可決後30日を過ぎても参議院が議決しない場合、衆議院の議決が国会の議決になる(予算の自然成立)。

よく出る

17 次の記述は日本国憲法前段1項の一部であるが、（　）に入る語の組合せとして、正しいものはどれか。

そもそも（①）は（②）の厳粛な信託によるものであって、その権威は（②）に由来し、その権力は（②）の（③）がこれを行使し、その（④）は（②）がこれを享受する。これは人類普遍の原理であり、この憲法はかかる原理に基づくものである。われらは、これに反する一切の（⑤）、法令及び詔勅を排除する。

	①	②	③	④	⑤
1	政治	個人	代表者	利益	憲法
2	国政	国民	代表者	福利	憲法
3	国政	国民	代表者	利益	憲法
4	政治	個人	代表者	福祉	憲法
5	国政	個人	代表者	利益	憲法

よく出る

18 リコール、イニシアティブ、レファレンダムに関する記述として誤っているものは、次のどれか。

1　リコールとは解職請求権ともいい、国や地方公共団体の議員・首長などの公職者を任期終了前に国民、または住民の意思で解職できる権利をいう。

2　イニシアティブとは、住民が有権者の50分の1の署名を集めることによって、首長に対して条例の制定・改廃を請求できる権利をいう。

3　レファレンダムとは、選挙以外の方法によって、立法・行政事項について有権者が行う国民投票、地方公共団体における住民投票をいう。

4　リコール、イニシアティブ、レファレンダムともに、直接民主制の有力手段であり、その結果については法的な拘束力がある。

5　イニシアティブが広く注目され始めたのは、アメリカのカリフォルニア州で固定資産税の減税に成功した提案13号からである。

よく出る

19 内閣の権限に関する語句として誤っているものは、次のどれか。

1　衆議院の解散
2　予算の作成
3　政令の制定
4　法律案の作成と提出
5　栄典の授与

よく出る

20 基本的人権の中で社会権的人権ではないものは、次のどれか。

1 労働権　　2 教育権　　3 生存権
4 団結権　　5 参政権

21 最高裁判所の裁判官と国民審査に関する記述として正しいものは、次のどれか。

1 任命後、初めての総選挙時に行われる。その後は再審はない。
2 任命後、初めての総選挙時に行われ、その後は10年ごとに総選挙時に再審される。
3 国民審査の結果、国民の3分の1以上が否認した場合には、その裁判官は憲法によって罷免される。
4 審査時期については、内閣が協議の上で随時決めることができる。
5 罷免を可とされた裁判官は、結果の告示日から45日以内に審査無効の訴えをしなければ罷免される。

解答 17 2　18 4　19 5　20 5　21 2

解説

18 4. リコール、イニシアティブ、レファレンダムともに、直接民主制の有力手段であるが、レファレンダムについては法的拘束力はない。

19 5. 栄典の授与は天皇の国事行為である。

20 基本的人権には、自由権的人権と社会権的人権がある。自由権的人権には人間の尊厳、法の下の平等、生命身体の安全・自由の保障、思想・信仰・言論・集会・結社の自由、参政権などがある。社会権的人権には、労働権、教育権、生存権、団結権などがある。

21 3. 罷免を可とする票が投票数の半数を超えると罷免される。ただし、投票総数が公職選挙法に定める総数の100分の1に達しない場合は、この限りではない。5. 罷免を可とされた裁判官は、結果の告示日から30日以内に審査無効の訴えをしなければ罷免される。

22 日本国憲法に定められていないものは、次のどれか。

1　国民主権主義　　2　基本的人権の確立
3　平和主義　　4　代表民主制
5　立憲君主

よく出る

23 大日本帝国憲法にはなく、日本国憲法で初めて制定されたものは、次のどれか。

1　集会・結社の自由、学問の自由
2　思想・良心の自由、学問の自由
3　信教の自由、居住・移転の自由
4　請願権、裁判を受ける権利、財産権の保障
5　集会・結社の自由、財産権の保障

よく出る

24 大日本帝国憲法と日本国憲法に定めがある共通の国民の義務とは、次のどれか。

1　兵役の義務　　2　納税の義務　　3　教育の義務
4　憲法尊重の義務　　5　勤労の義務

政党政治

25 次の記述は55年体制に関するものであるが、（　）に入る語の組合せとして、もっとも妥当なものはどれか。

1955年に革新野党は合同して（①）を結成した。これに対抗するために保守政党の（②）と（③）が合同して（④）を結成し、ここに2大政党対立の枠組みができた。しかし、その後は野党の弱体化、多党化によって政権交代は行われず（④）の1党支配体制が長く続くことになった。

	①	②	③	④
1	日本社会党	自由党	日本民主党	自由民主党
2	日本共産党	自由党	日本民主党	自由民主党
3	日本革新党	自民党	日本民生党	自由民生党
4	民主社会党	自由党	日本民生党	自由民生党
5	労働者農民党	自民党	日本民主党	自由民主党

26 小選挙区制に関する記述として正しいものは、次のどれか。

1　1選挙区から2～6名の議員が選出され、国民の意見が反映されやすい。

2　中選挙区制に比べると候補者と有権者の距離が近くなるが、その反面選挙費用が多くかかる。

3　選挙干渉や買収など、腐敗選挙の可能性が低くなる。

4　安定的な2大政党制が出現しやすく政局が安定し、政党間の論争が活発化する。

5　死票が少なくなり、少数派の意見が反映されて小政党に有利になる。

各国の政治制度

27 アメリカの大統領制に関する記述として誤っているものは、次のどれか。

1　各州ごとにその有権者が大統領選挙人を選び、大統領選挙人が大統領を選ぶ。

2　大統領選挙は、大統領選挙人が大統領立候補者の政党に投票し、もっとも獲得票数の多い政党の候補者が大統領になる。

3　大統領の任期は4年で、うるう年ごとに選挙が行われる。

4　大統領は、いかなる場合にも議会に対して政治的な責任を負わない。

5　大統領は、法案に対して拒否権を有している。

解答　22 5　23 2　24 2　25 1　26 4　27 2

解説

23 大日本帝国憲法でも、信教の自由、居住・移転の自由、請願権、裁判を受ける権利、財産権の保障などは条件付きではあるが、一部認められていた。

25 1. 1955年に右派と左派に分かれていた社会党が合同して日本社会党が誕生。これを脅威に感じた保守政党の自由党と日本民主党が合同して自由民主党を結成。ここに日本社会党と自由民主党の2大政党により、政局が運営されるようになった。これを55年体制という

26 1. 小選挙区制では、1選挙区1名選出。2. 選挙費用は中選挙区制などに比べると節約できる。3. 候補者と有権者の距離が近くなるぶん、選挙干渉や買収などの不正が行われやすい。5. 死票は多くなる。

27 2. 大統領選挙は、有権者が選んだ大統領選挙人が大統領候補者を選ぶ、いわゆる間接選挙である。

民　法

28 **民法では親等が定められているが、4親等に当たるのは、次のだれか。**

1　妹　　2　孫　　3　祖父　　4　甥の子　　5　叔父

経済学説

よく出る

29 **経済学者と著書の組合せとして誤っているものは、次のどれか。**

1　ケインズ――『雇用・利子及び貨幣の一般理論』

2　アダム・スミス――『人口論』

3　リカード――『経済学及び課税の原理』

4　J・S・ミル――『経済学原理』

5　マルクス――『資本論』

よく出る

30 **学派と経済学者の関係として正しいものは、次のどれか。**

1　古典学派――トマス・マン

2　新古典学派――マルサス

3　歴史学派――アダム・スミス

4　ローザンヌ学派――マーシャル

5　重農主義――ケネー

経済の原理論

よく出る

31 **グレシャムの法則に関する記述として妥当なものは、次のどれか。**

1　悪貨は良貨を駆逐するという法則。

2　特定の土地に多くの労働力を投入しても、一定水準を超えると食糧の生産量の伸びは鈍るという法則。

3　収入が増えると家賃支出も増加するが、家計費の総額に占める家賃支出の割合は減少するという法則。

4　家計費総支出に占める食費の割合が低いほど生活水準が高いという法則。

5　供給はそれ自らの需要を生み出すという法則。

よく出る

32 次の記述は国民所得の３面等価に関するものであるが、（　）に入る同一語として、正しいものはどれか。

国民所得の３面等価とは、国民経済の再生産から生じた国民所得は、生産・（　　）・支出という３面のそれぞれの合計額と常に一致することをいう。つまり、生産したものは（　　）され、（　　）されたものはすべて支出されるということである。

1　消費　　2　分配　　3　計画　　4　売買　　5　貯蔵

よく出る

33 生産の３要素とは、次のどれか。

1　土地、生産、利益
2　土地、機械、利潤
3　土地、労働、機械
4　土地、労働、資本
5　土地、機械、資本

解　答　28 4　29 2　30 5　31 1　32 2　33 4

解　説

28 傍系親族の親等を定めるには、その１人またはその配偶者から同一の始祖にさかのぼり、その始祖から他の１人に下がるまでの世数によるとされている（民法726条２項）。

29 2. アダム・スミスの著書は『国富論』（または『諸国民の富』）。

30 1. 古典学派の創始者はスミス。2. 新古典学派はケンブリッジ学派ともいい、マーシャルをはじめとするケンブリッジ大学の経済学者の集団である。3. 歴史学派はリストを始祖とするナショナリズム経済学をいう。4. ローザンヌ学派は、ワルラス、パレートなど。

31 1. グレシャムの法則＝悪貨は良貨を駆逐する。改鋳により、金の純度が違う同じ１ポンドの貨幣が２種類流通すれば、金の純度の高い貨幣（良貨）は蓄蔵され流通から姿を消し、金の純度が低い貨幣（悪貨）だけが流通するということ。

32 2. 国民所得の３面等価は、生産・分配・支出が国の合計額と常に一致することをいう。

34 語の組合せとして誤っているものは、次のどれか。

1　原始共産制――服従経済

2　古代奴隷制――奴隷経済

3　封建制――荘園・ギルド

4　社会主義経済――計画的生産

5　資本主義経済――生産手段の私有化

35 次の記述は景気の循環に関するものであるが、（　）に入る語の組合せとして、正しいものはどれか。

景気は好景気・後退・不景気・景気回復というように循環している。このサイクルには3種類あって、まず（①）がある。これは約40カ月周期で好不況を繰り返す。次いで（②）がある。これは約10年周期で、好不況を繰り返す。残りは（③）で、約50年周期という長期的な波で好不況を繰り返す。

	①	②	③
1	コンドラチェフの波	キチンの波	ジュグラーの波
2	ジュグラーの波	コンドラチェフの波	キチンの波
3	キチンの波	ジュグラーの波	コンドラチェフの波
4	ジュグラーの波	キチンの波	コンドラチェフの波
5	キチンの波	コンドラチェフの波	ジュグラーの波

よく出る

36 独占形態に関する記述として誤っているものは、次のどれか。

1　トラストとは、市場の独占的支配を目的とする同種企業の合併をいい、企業合同ともいう。

2　コンツェルンとは、ひとつの巨大資本企業が多くの同種企業を吸収合併して、支配・統制している組織体をいう。

3　コングロマリットとは、多角的経営を目的として、多数の異種企業を合併・買収した複合企業をいう。

4　カルテルとは、同種または類似する企業同士が市場独占を目的として自由競争を制限するような協定を結び連合することをいう。企業連合ともいう。

5　シンジケートとは、トラストの最高形態をいう。

37 貨幣の働きに関する記述として誤っているものは、次のどれか。

1　貨幣は蓄蔵でき、蓄蔵によって生じる価値の変動も少なく、必要に応じて商品と交換できる。

2　すべての商品は貨幣によって価格がつけられ、生産・流通・消費も貨幣で精算される。

3　いつでも直接に生産物と生産物を交換できる。

4　商品の価値は、貨幣によって価格として表示される。

5　すべての商品は貨幣を仲立ちとして交換されている。

よく出る

38 直接税と間接税に関する記述として誤っているものは、次のどれか。

1　納税義務者と、その税を負担する人が同一の人であることを想定している租税を直接税という。

2　納税義務者と、その税を負担する人とが別人であることを想定している租税を間接税という。

3　直接税の主なものには所得税・法人税・相続税などがある。

4　間接税の主なものには、酒税・消費税などがある。

5　消費税は、源泉徴収方式によって納税する

解答　34 1　35 3　36 5　37 3　38 5

解説

34 1. 原始共産制は、人間が進化し動物の群生活を脱却して初めてつくった社会である。単純な協業による集団作業を行い、共有の生産手段で獲得した生活資料は公平に分配された。

35 3. 景気循環には3種類のサイクルがある。キチンの波は在庫投資に起因し、ジュグラーの波は設備投資に起因しており、コンドラチェフの波は技術革新などに起因するといわれている。

36 5. シンジケートは販売カルテルの一種。加盟している同種企業間で共同の販売ルートを設け、各加盟企業がこれにのせて販売することである。

37 3. 物々交換では貨幣は介在しない。

38 5. 間接税の中でも消費税は、直接税と同じく申告納税制度に従って税負担をする。

よく出る

39 次の記述は日本銀行が行う景気振興策に関するものであるが、（　）に入る語の組合せとして、正しいものはどれか。

日本銀行が行う景気振興策は、まず基準貸付利率の（①）がある。次いで国債の（②）オペレーションを行い市中金融機関の資金を（③）させる。さらに市中金融機関の支払い準備率を（④）て、一般企業に対しての融資を増加させて景気を振興させる。

	①	②	③	④
1	引き下げ	買い	増加	引き上げ
2	引き上げ	売り	減少	引き下げ
3	引き下げ	買い	増加	引き下げ
4	引き上げ	買い	減少	引き上げ
5	引き下げ	売り	均等化	引き下げ

よく出る

40 日本銀行に関する記述として誤っているものは、次のどれか。

1　日本銀行は日本の金融政策の中心的な役割を担っている。
2　通貨を発行する権利は内閣にあり、日本銀行は内閣の指示に従って通貨の発行業務を行う。
3　日本銀行は市中金融機関に対して資金の貸し出しを行うため、銀行の銀行とも呼ばれる。
4　日本銀行は国税の管理や国債の発行・利払いなどの業務を政府に代わって行うため、政府の銀行とも呼ばれる。
5　日本銀行が市中金融機関に資金を貸し出すときの金利を公定歩合という。

41 スタグフレーションに関する記述として正しいものは、次のどれか。

1　土地・株式などの資産価格の上昇をいう。
2　総需要が総供給を上回る状態をいう。
3　経済状態が超過需要でなくても、生産費用の上昇を企業が価格に転嫁することによって生じる物価上昇をいう。
4　景気停滞と物価上昇が併存している状態をいう。
5　一定期間にわたる一般物価水準の持続的上昇をいう。

42 資本主義経済の本質と異なるものは、次のどれか。

1 計画的な生産と分配　　2 企業間の自由競争
3 企業に対する国の指導　　4 私有財産の保障
5 個人の平等・自由

43 国が地方公共団体の財政支援のために、国税の一部を国庫から支出するものは、次のどれか。

1 国庫負担金　　2 地方交付税交付金
3 地方財政支援金　　4 国庫出資金
5 地方公共団体等臨時負担金

よく出る

44 経済用語の略称と正式名称の組合せとして正しいものは、次のどれか。

	NNP	GNP	GNE	NI
1	国民純生産	国民総生産	国民総支出	国民所得
2	国民総生産	国民純生産	国民所得	国民総支出
3	国民総支出	国民総生産	国民所得	国民純生産
4	国民所得	国民総支出	国民純生産	国民総生産
5	国民純生産	国民所得	国民総生産	国民総支出

解答 39 3　40 2　41 4　42 1　43 2　44 1

解説

39 3．基準貸付利率が下がれば市中金融機関の活動が活発化する。さらに国債の買いオペレーションにより、市中金融機関の資金を増加させる。このほか日本銀行は市中金融機関の預金者保護のため、市中金融機関に支払い率を準備させているが、この率を併せて引き下げることにより市中金融機関の資金は潤沢になり、一般企業への融資が増え景気の振興につながる。

40 日本銀行は日本唯一の発券銀行であり、発券業務実施の権利を有する。そのほか、「銀行の銀行」「政府の銀行」とも呼ばれ、日本の金融政策の中心的な役割を担っている。

41 1．土地・株式などの資産価格の上昇は資産インフレーション。2．総需要が総供給を上回る状態は需要インフレーション。

42 1．計画的な生産・分配は、社会主義経済の原則である。

よく出る

45 インフレーションに関する記述として誤っているものは、次のどれか。

1　古典的には、インフレーションは不換紙幣の乱発に起因する貨幣量の膨脹が引き起こした、物価のとめどない高騰を意味した。

2　最近では、新しい形態のインフレーションが発生している。その原因は労働組合の圧力による貨幣賃金の上昇にあるとされている。

3　超インフレーションは輸入を阻害し、輸出を促進するので貿易収支は黒字になる。

4　インフレーションになると、年金受給者などの確定所得者には悪影響を与える。

5　コスト・プッシュ・インフレーションを引き起こす要因には、労働費用や原材料費などがあり、労働費用に起因するインフレーションを、賃金インフレーションという。

日本経済の課題・その他

46 デノミネーションと無関係なものは、次のどれか。

1　円の威信回復論
2　通貨呼称の変更
3　通貨単位の切り下げ
4　計算の簡便化論
5　新・前川レポート

47 国債に関する記述として誤っているものは、次のどれか。

1　国債を簡単にいえば、国が必要な資金を国民から借りることによって負う債務であり、債券は借用証書といえる。

2　国債と公債とは、まったく別のものである。すなわち、国債は国が発行し、公債は地方公共団体のみが発行する債券をいう。

3　国債は、発行目的から歳入債（普通国債）、融通債、繰延債に分けられる。

4　赤字国債は1975年以降大量に発行され、累積残高は巨額に膨らんでいる。

5　国債には償還期間によって、超長期国債、長期国債、中期国債、短期国債がある。

48 財政投融資の対象とならないものは、次のどれか。

1 社会資本整備　2 住宅対策　3 中小企業対策
4 民間企業支援　5 環境対策

49 一般的に圧力団体といわれているものは、次のどれか。

1 大手企業　2 学校などの教育機関
3 銀行などの金融機関　4 日本経済団体連合会や医師会
5 寺院などの宗教法人

50 不渡手形の説明として正しいのは、次のうちどれか。

1 支払期日において支払のなされなかった手形。
2 金融機関で割引の不可能な手形。
3 支払場所が国外に指定されている手形。
4 裏書の禁止された手形。
5 支払場所が振出人と取引のない金融機関に指定されている手形。

解答 45 3　46 5　47 2　48 4　49 4　50 1

解説

45 3. 超インフレーションとは、第1次世界大戦後にみられた非常に高率で進むインフレーションのこと。物価が数十倍にまで高騰することがある。このほか、信用インフレーション、価格インフレーション、クリーピングインフレーション、財政インフレーションなども正確に理解すること。

46 デノミネーションは、たとえば現行の100円を新1円とするような措置をいう。

47 2. 国債と公債はほぼ同意語。地方公共団体が発行するのは地方債。ただし「発行は交通事業などの財源確保に限る」と制限が加えられている（地方財政法5条）。

48 財政投融資は、国の信用で集めた各種の公的資金（国債など）を原資（財源）にして、国の政策実現のために行われる政府の投資および融資のことである。主な投資および融資先は、住宅金融支援機構、地方公共団体をはじめ、日本開発銀行や日本輸出入銀行の政府系金融機関などである。さらに、投資および融資の対象となるのは社会資本整備、住宅対策、中小企業対策、環境対策、地方開発などである。

51 アメリカ合衆国の双子の赤字に関する記述として誤っているものは、次のどれか。

1　国家財政と貿易収支の2つが赤字であることを称して双子の赤字という。

2　アメリカの経済力が弱くなり、国内と海外で衰退したことを称して双子の赤字という。

3　レーガン政策（レーガノミックス）を契機に起きたといわれている。

4　国家財政の赤字は大幅な減税が原因であり、貿易収支の赤字は国民の旺盛な消費活動により輸入が大幅増になったためである。

5　双子の赤字の因果関係として、通貨供給量抑制や民間資金需要の逼迫（ひっぱく）による高金利・ドル高などが指摘されている。

52 物価指数の説明として誤っているものは、次のどれか。

1　一定期間における物価水準の変動を測定するためにつくられた、総合指数である。

2　物価指数には、卸売物価指数と小売物価指数の2種類がある。

3　物価指数を算定する方式には、ラスパイレス方式、パーシェ方式、フィッシャー方式などがある。

4　物価指数の欧文略称はＩＮＰである。

5　物価指数は、名目金額を実質単位になおすために用いられるので、実質化因子とも呼ばれる。

よく出る

53 次の記述はドル高・円安に関するものであるが、（　）に入る語の組合せとして、正しいものはどれか。

ドル高・円安は、たとえば1ドル＝100円であったものが、1ドル＝（①）になることであり、円に対するドルの価値が（②）なり、日本では輸入取引が（③）になって輸出取引は（④）になる。

	①	②	③	④
1	90円	低く	不利	有利
2	110円	高く	有利	不利
3	90円	低く	有利	不利
4	110円	高く	不利	有利
5	110円	低く	有利	不利

54 次の記述は国際収支に関するものであるが、（　）に入る語の組合せとして、正しいものはどれか。

2014年1月に国際収支関連統計が改訂され、従来「経常収支」「資本収支」「外貨準備増減」と大きく分類されていた統計項目が、「経常収支」「(①)」「(②)」という分類になった。さらに、国際収支統計に係る恒式は、「経常収支」＋「資本収支」＋「外貨準備増減」＋「誤差脱漏」＝0から、「経常収支」＋「資本移転等収支」(③)「金融収支」＋誤差脱漏＝0となった。

	①	②	③
1	基礎収支	金融勘定	＋
2	総合収支	金融勘定	＋
3	総合収支	金融収支	＋
4	資本移転等収支	金融収支	－
5	資本移転等収益	外資収益	－

55 バランス・シートに関する記述として誤っているものは、次のどれか。

1 バランス・シートは貸借対照表のことをいう。

2 バランス・シートは企業の一定時点の財政状態を表示した、会計報告書である。

3 バランス・シートは資産の部、負債の部、資本の部で構成される。

4 資産は負債と資本を足したものである。

5 財務諸表の中にバランス・シートは含まれていない。

解答 51 2　52 2　53 4　54 4　55 5

解説

52 2. 対象とする物価の範囲に応じて、卸売物価指数、小売物価指数、貿易物価指数、消費者物価指数などがある。

54 4. 従来の「投資収支」と「外貨準備増減」は統合されて「金融収支」となり、「その他資本収支」は「資本移転等収支」として「経常収支」及び「金融収支」と並ぶ大項目に変更された。さらに、「資本収支」の項目は廃止となった。また、新たな金融収支では、資産・負債の増加を「＋」、減少を「－」で表す。

55 5. 財務諸表は損益計算書、貸借対照表（バランス・シート）、利益処分計算書および付属明細書で構成される。

重要ポイント
政治・経済

【政　治】

▼大日本帝国憲法と日本国憲法の主要比較

	大日本帝国憲法	日本国憲法
主　権	天　皇	国　民
軍隊・兵役制度	有	無
国　会	天皇の協賛機関 貴族院・衆議院	最高立法機関 衆議院・参議院
内　閣	天皇の輔弼機関	行政権の最高機関
人　権	法律による制限有	永久不可侵の権利

▼国会のしくみ

国会は衆議院と参議院の両院からなり、国権の最高機関で唯一の立法機関である。

常会(通常国会)　年1回(1月)召集される。会期は150日。

臨時会　衆参両院のいずれかの議院の総議員の4分の1以上の要求があるときは、内閣はこれを召集しなければならない。

特別会　衆議院議員の総選挙日から30日以内に召集される国会。

緊急集会　衆議院が解散し、参議院が閉会中に緊急の必要があるとき、内閣は参議院の緊急集会を求めることができる。

国会議員の任期　衆議院は4年、参議院は6年(3年ごとに半数が改選される)。

国会議員の定数　衆議院議員は465名、参議院議員は248名。

衆議院の優越　①衆議院で可決した法律案は、参議院で否決されても再度衆議院で出席議員の3分の2以上の多数で可決すると、法律となる。②予算・内閣総理大臣の指名について、参議院が衆議院と異なった議決をし両議院協議会でも意見が一致しないとき、または参議院が、予算にあっては衆議院の可決した予算案を受け取った後国会休会中を除いて30日以内に議決しないとき、内閣総理大臣の指名にあっては衆議院の議決後10日以内に議決しないとき、衆議院の議決を国会の議決とする(条約の国会承認も同様)。③予算の先議権。④内閣総理大臣の指名議決権。

▼内閣のしくみ

内閣　首長である内閣総理大臣とその他の国務大臣(過半数は国会議員)で構成。

内閣総理大臣の指名　国会議員の中から国会の議決で指名する。

内閣総理大臣の権限　国務大臣の任免。閣議の主宰。行政全般の指揮監督。議案の提出。法律・政令への署名など。

内閣不信任案　衆議院で不信任案を可決または信任案が否決されたときは、10日以内に衆議院が解散されない限り、内閣は総辞職しなければならない。

内閣の職権	①一般行政事務。②外交関係の処理。③条約の締結。④官吏に関する事務。⑤予算の作成と国会提出。⑥政令の制定。⑦大赦・特赦、減刑、刑の執行の免除および復権の決定。

▼裁判所のしくみ

審級制度	最高裁判所と下級裁判所(高等裁判所・地方裁判所・家庭裁判所・簡易裁判所)からなり、原則的に三審制度をとる。
違憲立法審査権	裁判所は法令の合憲性を審査する権限がある。
裁判官の地位	良心に従い、独立して職権を行い、憲法および法律にのみ拘束される。

▼選挙のしくみ

選挙権	満18歳以上の日本国民が有する。
被選挙権	衆議院議員は満25歳以上の日本国民、参議院議員は満30歳以上の日本国民が有する。都道府県議員はその選挙権を有する満25歳以上の日本国民。都道府県知事は満30歳以上の日本国民。市町村議員はその選挙権を有する満25歳以上の日本国民。市町村長は満25歳以上の日本国民。

▼政治思想

ホッブズ	(英)〔1588－1679〕。人間が自己保存のため、互いに契約して国家をつくったとする国家契約説を説き、近代政治思想の原形をつくりあげた。“万人の万人に対する闘争”は彼が自然状態を表現した言葉。『リヴァイアサン』の著者。
ロック	(英)〔1632－1704〕。『市民政府二論』で、人間の認識は経験以外から得られないという経験論哲学、および社会契約説にもとづく民主主義の思想を展開。
ルソー	(仏)〔1712－1778〕。当時の文明社会を痛烈に批判。著書の『社会契約論』では人民主義を展開。民主主義社会の実現を期待した。
モンテスキュー	(仏)〔1689－1755〕。当時の政治社会を批判。立憲政治の必要性を説く。イギリスの政治制度を模範とし、三権分立論を主張。近代政治のありかたに大きな影響を与えた。著書に『法の精神』がある。

【経　済】

▼経済学説

アダム・スミス	(英)〔1723－1790〕。自由競争の資本原理である経済の「自由放任主義」の提唱者で、古典学派の祖。著作に『国富論』『道徳情操論』などがある。
D.リカード	(英)〔1772－1823〕。生産的労働と蓄積の古典学派の経済理論を、投下労働価値説により統一的な分配理論の体系に。著作に『経済学および課税の原理』など。
T.R.マルサス	(英)〔1766－1834〕。著作『人口論』の中で人口増加の制限を主張。
J.S.ミル	(英)〔1806－1873〕。古典学派の自由主義経済学の集大成者。著作に『経済学原理』などがある。
K.H.マルクス	(独)〔1818－1883〕。マルクス経済学の創始者。1848年に『共産党宣言』を発表し共産主義運動を開始。著作『資本論』で資本主義の基本的矛盾を説いた。
J.M.ケインズ	(英)〔1883－1946〕。通貨金融問題の権威。完全なる雇用を実現するには「投資」と「消費」からなる“有効需要”の不足を補うことを指摘した。著作に『有効需要の原理』『雇用・利子および貨幣の一般理論』などがある。

Lesson 2 倫理・社会

源流思想・西洋近代思想

1 思想家・著書・用語の組合せとして正しいものは、次のどれか。

	思想家	著書	用語
1	ベーコン	『ノヴム・オルガヌム』	“帰納法”
2	デカルト	『精神現象学』	“演繹法”
3	カント	『実践哲学講義』	“一般意思”
4	ルソー	『純粋理性批判』	“提言命法”
5	ジェームズ	『功利主義』	“死への存在”

2 次の記述で、パスカルについて書かれたものはどれか。

1 観念弁証法の開祖である彼は、人は自らの無知を知らなければいけないと主張し、“汝自身を知れ”の名言を残した。

2 哲学、数学、物理学者である彼は、自己矛盾を救うものはキリスト教であると説いた。“クレオパトラの鼻がもう少し低かったら、世界の歴史が変わっていただろう”は彼の名言である。

3 彼の父はヨセフ、母はマリアであり、地上の富と権力を否定し、神の愛と隣人愛を説いた。“汝の敵を愛せよ”をはじめ数多くの名言を残している。

4 哲学者である彼は、観察と経験を重視し『形而上学』『生物学』『自然学』をはじめ多数の著作を残した。“人間は政治的動物である”の名言もある。

5 彼は哲学者であり、解析幾何学の創始者でもある。数学と同様に哲学においても、真理からあらゆる知識を導き出そうとして疑うことからはじめた。“我思う、ゆえに我あり”が彼の原点である。

3 諸子百家の思想家・学説・思想の組合せとして正しいものは、次のどれか。

	思想家	学説	思想
1	韓非子	道家	道
2	墨子	名家	兼愛・非攻
3	孫子	法家	政治理論
4	孔子	儒家	仁・礼
5	老子	陰陽家	戦略・戦術

よく出る

4 次の記述は、ある思想家の主張の大要である。その思想家とはだれか。

“政治は統治する者と統治される者を幸福にすることを目的とし、政治は最大多数の最大幸福をつくり出すものが最善である”

1 ヘーゲル　2 ミル　3 ベーコン
4 ベンサム　5 ルソー

解答 1 1　2 2　3 4　4 4

解説

1 2. デカルトの主な著書は『方法序説』。3. カントの著書には『純粋理性批判』などがある。4. ルソーは『人間不平等起源論』“自然に帰れ”。5. ジェームズは『プラグマティズム』“実用主義”である。
このほか、ロック『市民政府二論』“人民の抵抗権”。ヘーゲル『精神現象学』『法の哲学』“絶対精神の弁証法”。マルクス『資本論』『経済学批判』“科学的社会主義の創始者”“弁証法的唯物論”。ヤスパース『哲学』『理性と実存』“限界状況”などを覚えておきたい。

2 1. “汝自身を知れ”はソクラテス。3. “汝の敵を愛せよ”はイエス・キリストの名言。4. “人間は政治的動物である”はアリストテレス。5. “我思う、ゆえに我あり”はデカルト。

3 4. 中国の春秋戦国時代に輩出された数多くの思想家・学説・学派を総称して、諸子百家という。孔子・孟子・荀子はいずれも儒家。仁・礼を中心にした実践的教育を説いた。孟子は性善説を、荀子は性悪説を唱えた。

4 4. “最大多数の最大幸福”はベンサムの言葉。ベンサムはイギリス人で、哲学および経済、法学分野で広く活躍した。功利主義の提唱者としても有名である。主な著書に『道徳および立法の原理論序説』がある。

現代思想

5 次の記述は道具主義に関するものであるが、（　）に入る語の組合せとして、正しいものはどれか。

道具主義は（①）を発展させたもので、デューイが大成した。これは、人間の（②）が（③）や幸福を生み出すことに役立つように使用されてこそ、その価値が認められるというものである。

	①	②	③
1	功利主義	感情	利益
2	プラグマティズム	知性	善
3	ヒューマニズム	手	利潤
4	社会参加思想	意識	悪
5	唯物史観	本能	紛争

日本の思想

6 仏教とその開祖の組合せとして正しいものは、次のどれか。

1　臨済宗 —— 法然　　2　浄土宗 —— 一遍　　3　浄土真宗 —— 栄西
4　時宗 —— 日蓮　　5　曹洞宗 —— 道元

よく出る

7 次の記述は江戸時代の思想家についてのものであるが、（　）に入る語の組合せとして、正しいものはどれか。

（①）は、朱子学の確立に多大な貢献をし、敬を重視した。
（②）は、もののあはれを説き、日本の古道を神の道とした。
（③）は、陽明学の立場から、すべての人が実践する道として儒教を広めた。
（④）は、農民の立場で封建社会制度を批判、万人平等に耕作する思想を説いた。

	①	②	③	④
1	林　羅山	本居宣長	中江藤樹	安藤昌益
2	中江藤樹	本居宣長	林　羅山	石田梅岩
3	本居宣長	中江藤樹	石田梅岩	林　羅山
4	山鹿素行	本居宣長	林　羅山	石田梅岩
5	中江藤樹	林　羅山	石田梅岩	本居宣長

8 日本の近代思想家の組合せとして正しいものは、次のどれか。

1　中江兆民→大正デモクラシー→民約訳解
2　吉野作造→自由民権運動→民本主義
3　西田幾多郎→アナーキー主義→善の研究
4　幸徳秋水→無政府主義→平民新聞
5　内村鑑三→東洋・西洋思想の根源的統一→無教会キリスト教

現代社会・その他

9 社会集団は、基礎的集団と機能的集団に分けることができるが、機能的集団は、次のどれか。

1　親族　　2　民族　　3　政党　　4　農村　　5　村落

よく出る

10 各機関の略称と正式名称の組合せとして正しいものは、次のどれか。

1　ＯＰＥＣ――アラブ石油輸出国機構
2　ＮＡＴＯ――北太平洋条約機構
3　ＩＭＦ――国際通貨機構
4　ＷＴＯ――世界貿易機関
5　ＯＡＰＥＣ――石油輸出国機構

解答　5 2　6 5　7 1　8 4　9 3　10 4

解説

5　2. 道具主義はプラグマティズム（実用主義）をデューイが発展させたものである。その主旨は、知性が困難を解決する道具であるという考え方である。

6　1. 臨済宗は栄西、2. 浄土宗は法然、3. 浄土真宗は親鸞、4. 時宗は一遍である。

7　1. 朱子学（林羅山）、国学（本居宣長）、陽明学（中江藤樹）、古学（山鹿素行）。安藤昌益は、著書『自然真営道』で、万人平等の耕作を理想とし、封建制を批判。石田梅岩は心学を起こし倹約、堪忍、正直などの徳目を説く。

9　基礎的集団とは、血縁などを基本に自然的に発生した集団で、民族、家族、親族、村落、農村などを指す。機能的集団は、特定の社会的機能を果たすための集団を指し、企業、工場、労働組合、学校、政党などをいう。

11 **ユニオン・ショップに関する記述として正しいものは、次のどれか。**

1　企業に採用される時には組合員でなくても、雇用後一定期間を過ぎれば組合員になる義務を課し、これに従わない者は解雇される制度。

2　日本では第2次大戦後にユニオン・ショップが導入され、御用組合を前提とする労使慣行として根づいた。

3　日本のユニオン・ショップ条項には、組合を脱退したり、除名された労働者に対し、経営者は2週間以内に解雇できるとされている。

4　職場に組合が存在しない、あるいは存在していても、労働者が組合に加入するかどうかは自由であり、組合員と雇用は何の関係もない。

5　日本のユニオン・ショップは世界からみても厳しい制度であり、厳格ユニオンともいわれている。

12 **次の記述は国際連合の専門機関に関するものであるが、その専門機関とはどれか。**

パリに本部を置き、教育・科学・文化・情報などの分野で協力を推進し、世界平和の確立に寄与することを目的としている。中でも識字教育、文化財保護、平和教育などに力を注いでいる。

1　ＵＮＩＣＥＦ（国連児童基金）

2　ＵＮＥＳＣＯ（国連教育科学文化機関）

3　ＩＬＯ（国際労働機関）

4　ＷＨＯ（世界保健機関）

5　ＵＮＵ（国連大学）

13 **雇用に関する用語の説明として正しいものは、次のどれか。**

1　労働人口とは、所得を得るために労働している者の総数をいう。

2　完全失業者とは、過去1カ月以上にわたって職に就いていない者をいう。

3　有効求人倍率とは、公共職業安定所における新規学校卒業者を除く一般の有効求人数を有効求職者数で割ったものである。

4　雇用調整とは、企業が行う人員整理であり解雇を指す。

5　終身雇用は日本唯一の雇用形態である。

よく出る

14 国際連合の専門機関の所在地として正しいものは、次のどれか。

1 国際食糧農業機関（ＦＡＯ）――ローマ
2 国際原子力機関（ＩＡＥＡ）――ジュネーヴ
3 国際電気通信連合（ＩＴＵ）――ウィーン
4 万国郵便連合（ＵＰＵ）――ウィーン
5 国連パレスチナ難民救済事業機関（ＵＮＲＷＡ）――ベルン

15 社会保険に関する記述として正しいものは、次のどれか。

1 日本の社会保障制度は、社会保険という大きな柱から構成されている。
2 公的扶助は社会保障制度の中には含まれず、地方公共団体のみが支援する。
3 社会保険は、医療保険・年金保険・雇用保険の３種類に分かれる。
4 社会福祉には児童と老人に関する福祉がある。
5 公的扶助には社会的サービスという観点から、それぞれ社会福祉、公衆衛生に関する扶助がある。

解答 11 1　12 2　13 3　14 1　15 5

解説

11 1．労働組合の形態はユニオン・ショップ制（雇用する労働者の組合加入の義務づけ）、オープン・ショップ制（労働者の組合加入は自由）、クローズド・ショップ制（組合員以外の雇用を認めない）に分けられる。

13 1．労働人口は所得を得るために労働している者と、労働意欲があっても仕事に就いていない者の総数。2．完全失業率は総務庁が毎月行う「労働力調査」（就労・不就労について過去1週間の事実について調査する）で発表される。完全失業者とは、この調査期間中に少しも仕事をしなかった者のうち、就業が可能でこれを希望し、なおかつ仕事を探していた者、仕事があればすぐに就ける状態にある者、過去に行った就職活動の結果を待っている者をいう。4．雇用調整は一般に残業中止→配置転換→一時帰休→希望退職者募集という段階を経て、最終的に解雇と進むのが普通。5．終身雇用の形態は、欧米の一部企業でもホワイトカラーなどで類似する制度を導入。

15 5．日本の社会保障制度は、社会保険と公的扶助を両輪として各種の保障制度がある。社会保険には、医療保険、年金保険、雇用保険、災害補償保険の4種類がある。公的扶助は生活保護と社会的サービス（社会福祉と公衆衛生がある）に分かれる。社会福祉には、児童福祉、老人福祉、身体障害者福祉、母子福祉がある。

重要ポイント

国際関係・社会

【国際関係】

▼国際連合の重要な機関

国連教育科学文化機関（ユネスコ　UNESCO）

国連専門機関のひとつ。本部はパリ。設立は1946年。教育、科学、コミュニケーション、文化の4分野を通じて活動を行い、教育の普及、文化遺産の保存、平和への貢献などを主な業務としている。

国連児童基金（ユニセフ　UNICEF）

途上国の児童に対する直接的な支援を主たる活動目標とし、健康衛生活動、あるいは教育・職業訓練を行い、児童の権利、保護、基本的ニーズの充足、能力の健全な育成を任務としている。

国連難民高等弁務官事務所（UNHCR）

1951年に設立された国連の補助機関であり、難民の保護と救済援助活動を行っている。難民の救済のための資金調達活動のほか、本国への不当な送還や迫害がないように国際的な法的保護を行っている。

国際原子力機関（IAEA）

原子力の平和利用のために設立された。北朝鮮の核疑惑問題やチェルノブイリ原発事故以後、早期通報システムと緊急支援措置に関する国際条約を採択。

国際労働機関（ILO）

労働問題の専門機関。1998年に「労働者の人権宣言」を採択。この宣言の目的は、いまだILO関連条約を批准していない途上国の職場の最低限の権利実現を促し、民主的な経済運営を求める狙いと、国際競争が激化しているグローバル経済のもとでの労働条件の確保がある。

世界保健機関（WHO）

保健衛生分野の専門機関で、1948年に設立。新型コロナウイルスをはじめとするエイズ、エボラ出血熱、マラリアなど次々に出現する病原体への対応は世界の安全保障問題であり、病原体を早期発見する地球規模の監視体制を構築する必要に迫られている。

▼重要欧文略称

ADB	(Asian Development Bank) アジア開発銀行
AFTA	(ASEAN Free Trade Area) 東南アジア諸国連合自由貿易地域
AIIB	(Asian Infrastructure Investment Bank) アジアインフラ投資銀行
APEC	(Asia Pacific Economic Cooperation) アジア太平洋経済協力閣僚会議
ASEAN	(Association of South-East Asian Nations) 東南アジア諸国連合
BIS	(Bank for International Settlements) 国際決済銀行
CTBT	(Comprehensive Test-Ban Treaty) 包括的核実験禁止条約
EFTA	(European Free Trade Association) 欧州自由貿易連合
ESCAP	(Economic and Social Commission for Asia and the Pacific) アジア太平洋経済社会委員会
EU	(European Union) 欧州連合

EURATOM (European Atomic Energy Community)
欧州原子力共同体

FAO (Food and Agriculture Organization of the United Nations)
国連食糧農業機関

GDP (Gross Domestic Product)
国内総生産

GNP (Gross National Product)
国民総生産

G7 (Group of Seven)
主要7か国首脳会議

IAEA (International Atomic Energy Agency)
国際原子力機関

IBRD (International Bank for Reconstruction and Development)
国際復興開発銀行（世界銀行）

ICSID (International Centre for Settlement of Investment Disputes)
国際投資紛争解決センター

IDA (International Development Association)
国際開発協会（第二世界銀行）

IEA (International Energy Agency)
国際エネルギー機関

ILO (International Labor Organization)
国際労働機関

IMF (International Monetary Fund)
国際通貨基金

IOC (International Olympic Committee)
国際オリンピック委員会

ISO (International Organization for Standardization)
国際標準化機構

JICA (Japan International Cooperation Agency)
国際協力機構

NATO (North Atlantic Treaty Organization)
北大西洋条約機構

NIES (Newly Industrializing Economies)
新興工業経済地域

NNP (Net National Product)
国民純生産

NPT (Nuclear Non-Proliferation Treaty)
核拡散防止条約

OAPEC (Organization of Arab Petroleum Exporting Countries)
アラブ石油輸出国機構

AU (African Union)
アフリカ連合

ODA (Official Development Assistance)
政府開発援助

OECD (Organization for Economic Cooperation and Development)
経済協力開発機構

OPEC (Organization of the Petroleum Exporting Countries)
石油輸出国機構

PKO (United Nations Peace Keeping Operations)
国連平和維持活動

PLO (Palestine Liberation Organization)
パレスチナ解放機構

SDR (Special Drawing Rights)
IMFの特別引出権

TPP (Trans-Pacific Partnership Agreement)
環太平洋パートナーシップ協定

UNCTAD (United Nations Conference on Trade and Development)
国連貿易開発会議

UNESCO (United Nations Educational, Scientific and Cultural Organization)
国連教育科学文化機関

USMCA (United States Mexico Canada Agreement)
アメリカ・メキシコ・カナダ協定

WTO (World Trade Organization)
世界貿易機関

Lesson 3 世界史

古代

1 人類の歴史に関する記述として正しいものは、次のどれか。

1　猿人はピテカントロプスと呼ばれ、人類の祖先であり、簡単な礫石器を使用していた。

2　原人はジャワの直立原人、北京原人などが代表的。洞穴に住み、簡単な狩猟をしていたが火は使用していなかった。

3　旧人の学名をホモ・エレクタスといい、ハイデルベルク人が代表的である。

4　旧人は、現代人とほぼ同程度の頭蓋容積をもち、打製石器を使用し、埋葬の習慣があった。

5　新人は、現代人につながる直接の祖先であり、ネアンデルタール人と命名された。精巧な彫刻や彩色壁画などが発見されている。

よく出る

2 各古代文明に関する記述として正しいものは、次のどれか。

1　メソポタミア文明は、チグリス川とユーフラテス川周辺で栄えた文明の総称であり、年代でみるとエジプト文明のあとに興った。

2　エジプト文明はナイル川流域に発達した文明で、古王国の成立によってハムラビ法典がつくられた。

3　エーゲ文明は、エーゲ海周辺に興ったミノア文明、クレタ文明、ミケーネ文明などを総称した文明で、磁器文明ともいわれている。

4　インダス文明は、インダス川流域を中心に発達した都市文明であるが、上下水道などの整備はなかった。

5　黄河文明は東アジア最古の大文明であり、農耕をはじめ、彩陶や黒陶などの生産では高い技術水準を誇っていた。

中 世

3 次の記述はマグナ・カルタ（大憲章）に関するものであるが、（　）に入る語の組合せとして、正しいものはどれか。

マグナ・カルタ（大憲章）は（①）年、（②）において貴族が（③）の権限に制限を加えるため、（④）に署名させた憲章である。

	①	②	③	④
1	1200	フランス	法王	ルイ3世
2	1215	イギリス	国王	ジョン国王
3	1225	イギリス	国王	アンリ2世
4	1205	イギリス	国王	チャールズ4世
5	1115	イギリス	教皇	ジョン5世

4 ルネッサンス（ルネサンス）の根底にある考え方とは、次のどれか。

1 ヒューマニズム　2 フェミニズム　3 モダニズム
4 プラグマニズム　5 エゴイズム

解答 1 4　2 5　3 2　4 1

解説 1 3. ホモ・エレクタスは原人の学名。5. ネアンデルタール人は旧人。

2 古代文明が興った年代を古い順に並べると、メソポタミア文明（B.C.5000年頃）、エジプト文明（B.C.3000年頃）、エーゲ文明（B.C.2500年頃）、インダス文明（B.C.2500年頃）、黄河文明（B.C.700年頃）。3. エーゲ文明は青銅器文明ともいわれている。4. インダス文明では、都市はすべて計画都市であり、すでに地方都市もあった。上下水道の整備や、焼成レンガを豊富に用いた建築物などが大きな特徴である。

4 1. ルネッサンス（ルネサンス）は、あるがままに人間や自然を見ようとする考えであるヒューマニズム（人文主義）を根本精神としていた。

よく出る

5 十字軍の遠征は各方面にさまざまな影響を与えたが、その影響について妥当と思われる記述は、次のどれか。

1 7回の遠征によって、参加した諸侯や騎士たちは莫大な富を得た。
2 7回の遠征によって、通商貿易が盛んになった。
3 7回の遠征によって、地中海沿岸からすべての回教徒が追放された。
4 7回の遠征によって、民衆の宗教心が高まり教皇の権威が絶大になった。
5 7回の遠征によって、東方貿易が途絶えた。

よく出る

6 ドイツの宗教改革でルターに関する記述として正しいものは、次のどれか。

1 宗教改革は、ルターが免罪符の販売を非難した「85か条の論題」を発表したことを契機に始まった。
2 ルターは、教皇と宗教会議の権威はすべて否定されるべきであり、真実のみがキリスト教の権威であると唱えて宗教改革を進めた。
3 宗教改革によって、ルター派とよばれる新教（プロテスタント）が生まれた。
4 ルターは、ウォルムスで開かれた帝国会議において自説の撤回を求められた。その結果、自説の一部を撤回した。これをアウグスブルクの和議という。
5 ルターは、ビザンチン選帝侯の庇護のもとに、聖書のドイツ語訳を行った。

7 中国の王朝を古い順に並べた組合せとして正しいものは、次のどれか。

1 唐→宋→明→隋　2 明→隋→宋→唐　3 隋→唐→宋→明
4 唐→明→隋→宋　5 宋→隋→明→唐

8 中国の4大発明といわれるものは、次のどれか。

1 銃、火薬、暦（こよみ）、紙
2 火薬、羅針盤、紙、眼鏡
3 銃、活版印刷、羅針盤、望遠鏡
4 火薬、羅針盤、活版印刷、紙
5 ロケット、銃、火薬、活版印刷

よく出る

9 歴史上の出来事を古い年代順に並べた組合せとして正しいものは、次のどれか。

①30年戦争の始まり　②ハムラビ法典の制定　③フランス革命
④マグナ・カルタ制定　⑤オランダ独立宣言

1 ⑤→③→②→①→④
2 ②→①→③→⑤→④
3 ②→④→⑤→①→③
4 ③→②→⑤→④→①
5 ②→⑤→①→③→④

10 オランダ独立戦争の原因として妥当なものは、次のどれか。

1 封建制度の崩壊
2 身分制度の崩壊
3 信仰・経済の自由化
4 農民の権利奪回
5 絶対王政主義の解放

解答 5 2　6 3　7 3　8 4　9 3　10 3

解説

5 十字軍は1096年に第1回目の遠征が行われた。その後計7回行われ、地理的な知識が豊富になった。これにより遠隔地との貿易が盛んになり、貨幣経済が発達したが、その反面「参加した諸侯や騎士たちが経済的に衰退したのに対して国王は領地を拡大」「封建制度の崩壊」などが起きた。

6 1. 宗教改革は、ルターが1517年に「95か条の論題」を発表し、教皇レオ10世が行った大聖堂の修築のための免罪符（贖宥状）販売を痛烈に批判したことが契機。4. 1521年にウォルムスで開かれた帝国会議で自説の撤回を求められたが、これを拒否して法律の保護が受けられなくなった。

7 3. 年代順に並べると隋（581～618年）、唐（618～907年）、宋（960～1279年）、明（1368～1644年）となる。

8 4. 後漢時代に蔡倫が発明した「紙」と北宋時代に発明された「火薬」「羅針盤」「活版印刷」を中国の4大発明という。

9 3. 年代順に並べるとハムラビ法典（B.C.1800年頃）、マグナ・カルタ制定（A.D.1215年）、オランダ独立宣言（A.D.1581年）、30年戦争の始まり（A.D.1618年）、フランス革命（A.D.1789年）となる。

10 3. オランダの独立戦争（1568～1609年）は、スペインの支配強化と新教徒の弾圧に対する市民の抵抗から始まった。

よく出る

11 次の記述は15世紀末頃の大航海時代に関するものであるが、（　）に入る語の組合せとして、正しいものはどれか。

新大陸や新航路の発見によって、新大陸から大量の（①）が流入して、ヨーロッパ諸国には大きな痛手であった。とくに（②）が衰退し、さらに（③）の急騰も招いた。中でも（④）の各都市の衰退は著しかった。

	①	②	③	④
1	金	農業	物価	スペイン
2	銀	鉱山業	物価	ドイツ
3	宝石	商業	ダイヤモンド	ポルトガル
4	銅	鉱山業	価格	スペイン
5	奴隷	商業	人件費	ポルトガル

12 次に説明した事柄はどれか。

イギリス議会はチャールズ1世に対して、マグナ・カルタ制定以来保障されていた、国民の権利の再確認を主張した請願書を提出したが、チャールズ1世は拒否。これを契機に市民革命が起こった。

1 宗教革命　2 イギリス独立宣言　3 ピューリタン革命
4 30年戦争　5 100年戦争

よく出る

13 中世期（16～17世紀）のヨーロッパでは、絶対主義が確立されつつあったが、この時代に起きた重大な変革とは、次のどれか。

1 荘園制度の確立。
2 貴族などの権力階級の台頭。
3 奴隷解放運動が盛んになった。
4 国王の権力が強大になった。
5 法王庁の権限が強化された。

よく出る

14 フランス革命の原因と無関係なものは、次のどれか。

1 ルイ14世時代の華美な生活によって、国家財政が赤字に陥った。
2 アメリカ合衆国独立支援のための国民に対する重税。
3 アメリカ合衆国独立にみる国民の独立意識の高揚。
4 権力階級によるブルボン王朝以来の専制政治に対する国民の不満。
5 僧侶、貴族と国民による統一的自由民権運動の推進。

よく出る

15 アメリカ合衆国は1776年に独立宣言をしたが、その後10年間に起きた重要な出来事を、年代の早い順に並べた組合せとして正しいものは、次のどれか。

a．アメリカ合衆国憲法制定　　b．パリ条約締結
c．アメリカ連合規約の制定　　d．ヨークタウンの戦い

1　a→b→c→d　　2　c→d→b→a　　3　d→c→a→b
4　b→a→d→c　　5　b→c→a→d

16 アメリカ合衆国の独立要因として妥当なものは、次のどれか。

1　重農主義政策の昇華
2　キリスト教徒の植民地拡大思想
3　人民主権・革命権の主張
4　諸外国の列強国への対抗意識
5　フランス革命の影響

解答 11 2　12 3　13 4　14 5　15 2　16 3

解説

11 2. 16世紀半ば以降、新大陸から大量の銀が流入したため、ヨーロッパ諸国では物価が急激に上昇した（価格革命）。中でも鉱山業（銀生産）が盛んであった南ドイツの諸都市は衰退してしまった。

12 3. ピューリタン（清教徒）革命（1642～1649年）は、スチュアート王朝の絶対王政に対するイギリス市民の革命である。その後、独立派のクロムウェル（1599～1658年）が長老派を抑えて、1649年に王を処刑し、共和政を宣言した。4. 30年戦争（1618～1648年）は、ドイツの宗教戦争。5. 100年戦争（1339～1453年）はフランドル（現在のベルギー地方）の内乱をきっかけに始まったイギリスとフランスの戦い。

13 4. 16世紀になるとヨーロッパ諸国の貴族たちの勢力が衰退し始め、国王に権力が集中して中央集権的国家が出現するようになった。

14 5. フランス革命（1789～1799年）。当時、僧侶、貴族などの権力階級は、国民（平民）に対して横暴で専制的な政治を行っていた。

15 2. 年代順にすると、アメリカ連合規約の制定（1777年）、ヨークタウンの戦い（1781年）、パリ条約締結（1783年）、アメリカ合衆国憲法制定（1787年）となる。

近代・現代

17 アヘン戦争に関する記述として正しいものは、次のどれか。

1 アヘン戦争は、イギリスと清の間で起きた争いで、1740年から1742年まで続いた。

2 アヘン戦争の発端は、清が中国にアヘンを輸出したことをイギリスが厳しく非難したことにある。

3 アヘン戦争の直接原因は、アヘンの利益を清とイギリス両国が奪い合ったことにある。

4 アヘン戦争で、清はイギリスに敗北し北京条約を結んだ。

5 アヘン戦争に負けた清は、香港をイギリスに割譲して5港を開港した。

18 次の記述は中国の南京条約に関するものであるが、（ ）に入る語の組合せとして、正しいものはどれか。

南京条約は（①）戦争の結果、（②）との間で結ばれた条約で、上海をはじめ（③）港の開港、（④）の割譲などが約された。

	①	②	③	④
1	アヘン	イギリス	5	香港
2	日清	日本	5	香港
3	日露	日本	10	台湾
4	清仏	フランス	3	台湾
5	アロー号	アメリカ	6	香港

よく出る

19 第1次世界大戦前に締結された三国同盟の、国の組合せとして正しいものは、次のどれか。

1 ドイツ——オーストリア——イタリア

2 イギリス——フランス——ドイツ

3 イギリス——ロシア——イタリア

4 日本——ドイツ——イタリア

5 イギリス——フランス——ロシア

よく出る

20　1915年頃の列強国とその代表的な植民地の組合せとして正しいものは、次のどれか。

1　オランダ――インドシナ
2　アメリカ――ニュージーランド
3　イギリス――オーストラリア
4　ドイツ――フィリピン
5　フランス――スマトラ

21　ドイツの３Ｂ政策の都市の組合せとして正しいものは、次のどれか。

1　ベルギー――ボン――バグダッド
2　ベルリン――ビザンティウム――バグダッド
3　バハマ――べリーズ――ベルギー
4　バグダッド――バハマ――ベルギー
5　ボン――ベルリン――ビザンティウム

解　答　17 5　18 1　19 1　20 3　21 2

解　説

17　5．アヘン戦争（1840年～1842年）はイギリスと清の間で起こった戦争。イギリスは貿易の不利益を是正するため、清にアヘンを輸出し多大の利益を得ていた。その結果、清ではアヘン中毒者が急増し、欽差大臣の林則徐がアヘン禁止令を出した。これに対してイギリスは艦隊を出して戦争に突入した。戦争では清が屈し香港をイギリスに割譲して5港を開港する南京条約を結んだ。香港はイギリス領となったが1997年に中国に返還された。

19　1．第1次世界大戦は1914～1918年なので、この時期より前に締結された三国同盟は、ドイツ、オーストリア、イタリア（1882年締結）。これ以降日本、ドイツ、イタリアの三国同盟が成立している（1940年締結）。

20　1870年以降、欧米列強は工業の資源供給地や商品市場として、イギリス、フランスを筆頭に、アジア・アフリカ・太平洋諸島などに植民地を求めた。一方、後発のドイツ・イタリア・日本などは既存の植民地の再分割を要求。この対立が国家主義や軍備拡張を招き、第1次世界大戦の原因となった。1．インドシナはフランス領。2．ニュージーランドはイギリス領。4．フィリピンはアメリカ領。5．スマトラはオランダ領。

21　2．３Ｂとはベルリン、ビザンティウム（イスタンブールの古名）、バグダッドの3都市の頭文字。３Ｂ政策は、イギリスの３Ｃ政策（ケープタウン、カイロ、カルカッタの3都市）に対抗したドイツの帝国主義政策。

22 第1次世界大戦後に、連合国がドイツに対してとった措置として正しいものは、次のどれか。

1 高額の賠償金を請求したが、国政については不干渉の立場をとった。

2 多額な戦費を使い国家財政が逼迫(ひっぱく)していたため、賠償金の請求は行わなかった。しかし、軍備に関しては厳しい制限を加えた。

3 賠償と軍備の両面から厳しい制限を与え、連合国の支配下に置いた。

4 全植民地の放棄と賠償請求および、厳しい軍備制限を加えた。

5 全植民地の放棄と厳しい軍備制限を加えた。

よく出る

23 1933年に、アメリカ合衆国のローズヴェルト大統領が行ったニューディール政策に関する記述として正しいものは、次のどれか。

1 ニューディール政策は、世界恐慌後にとられた自由放任経済をさらに推進するための国策であった。

2 ニューディール政策では、まず農・工業調整法、銀行法などによって財界の保護を重点的に行い、高い評価を受けた。

3 ニューディール政策では、経済の救済、大衆の購買力の向上、雇用創出などについて積極的な景気回復策がとられた。

4 ニューディール政策は政府支出による積極的な景気回復策であり、中でも国内の総合開発策は、景気浮上に大きく貢献した。

5 ニューディール政策では、主に労働者の社会保障に重点を置いたので、個人所得が大幅に増えた。

24 中東戦争に関する記述として正しいものは、次のどれか。

1 エジプトとアラブ諸国の戦争であり、過去に5度起こっている。

2 第1次中東戦争は、パレスチナ独立運動に端を発し、アラブ諸国を巻き込んだ。

3 第2次中東戦争は、ヨルダンによるスエズ運河国有化に端を発し、スエズ動乱とも呼ばれている。

4 第3次中東戦争は、6日戦争とも呼ばれ、イスラエルがガザ地区・ゴラン高原などを占領した。

5 第4次中東戦争は、日本での第2次オイルショックを招いた。

よく出る

25 ポツダム会議に関する記述として正しいものは、次のどれか。

1 アメリカ合衆国のトルーマン大統領、イギリスのチャーチル首相、ソ連のスターリン首相が出席。朝鮮半島の独立に関する宣言が出された。

2 アメリカ合衆国のローズヴェルト大統領、イギリスのチャーチル首相、ソ連のスターリン首相が出席。ここでドイツの分割、ソ連の対日参戦などが確認された。

3 アメリカ合衆国のトルーマン大統領、中国の蒋介石総統、ソ連のスターリン首相が出席。ここで、日本の領土問題について宣言が出された。

4 アメリカ合衆国のローズヴェルト大統領、イギリスのチャーチル首相、ソ連のスターリン首相が出席。ここで樺太・千島列島のソ連領有を宣言。

5 アメリカ合衆国のトルーマン大統領、イギリスのチャーチル首相（後にアトリー首相に代わる）、ソ連のスターリン首相が出席して開かれた。ここで、日本に対して無条件降伏の要求が出された。

解答 22 4　23 3　24 4　25 5

解説

22 4. 連合国がとった措置の大きな柱は、①全植民地の放棄、②巨額の賠償請求、③軍備の厳しい制限である。全植民地を放棄させ、それらの植民地を国際連盟の委任統治国として、イギリス、フランス、ベルギー、日本などの諸国に統治させた。

24 1. イスラエルとアラブ諸国の戦争。2. 第1次中東戦争（1948～1949年）は、建国したイスラエルとそれに反発したアラブ諸国の戦い。3. 第2次中東戦争（1956～1957年）は、エジプトのスエズ運河国有化宣言に対する、イスラエルのエジプトへの軍事行動から始まった。5. 第2次オイルショックは、イラン革命（1979年）による産油量の減少から起きた。第1次オイルショックは第4次中東戦争（1973年）のときである。

25 5. 第2次世界大戦の終わり頃には、連合国の間でいくつか重要な会談・会議が行われている。中でも、ベルリン郊外のポツダムで開かれたポツダム会議（1945年7月）では、ドイツの処遇とヨーロッパ諸国の再建、日本に対する無条件降伏の要求が討議された。当初はアメリカ合衆国とイギリスの2国で、これらについて協定されたが、後に中国の蒋介石総統の同意を得た。さらにソ連の対日参戦によってソ連も加わり、4国主要連合国の宣言として日本に無条件降伏を要求し、日本がこれを受諾した。

Lesson 4 日本史

原始・大和時代

1 弥生時代に関する記述として正しいものは、次のどれか。

1　主として狩猟、漁労、採集の生活を営んでいた。
2　住居は竪穴式で、石器、骨角器、木器、土器などを使用していた。
3　通常、この文化は前・中・後期に区分され、前方後円墳をはじめ多数の古墳が発生した。
4　大陸往来者によって北九州の一角で成立した文化で、その後、西日本各地に伝播した。水稲耕作と金属器の使用によって貧富の差が生じた。
5　自然の事象を神と結びつけ、呪術が盛んであった。

よく出る

2 大化の改新の詔(みことのり)として正しいものは、次のどれか。

1　公地公民制を廃止して、私地私民制を導入する。
2　三世一身法を定めて、土地の開墾を奨励する。
3　税制度を改めて、租・庸・調・その他の税を区分して徴収する。
4　記録所を設け権力の一元化をはかる。
5　戸籍・計帳を廃止し、国郡里制を導入して地方行政制度を強化する。

3 飛鳥文化に関する記述として正しいものは、次のどれか。

1　8世紀の聖武天皇の時代を中心とする文化であり、法隆寺や国分寺、国分尼寺をはじめとする寺が相次いで建立された。
2　この文化の大きな特徴は、西域・唐・新羅・渤海などの影響を受けた仏教文化が一気に開花したことである。
3　推古天皇の代を中心にその前後の100年間に栄えた文化で、不空羂索観音像などの仏像には儒教や道教の思想が大きく影響している。
4　文化が国風化し、仮名文字が発展して極楽往生を願う信仰が広がった。
5　この時代の文化は、法隆寺の建立に代表される仏教文化の結実とともに、朝鮮の高句麗・百済・新羅の文化と深いつながりがあった。

よく出る

4 次の記述は律令制に関するものであるが、(　)に入る語の組合せとして、正しいものはどれか。

律令の律とは（①）を、令は（②）を定めたもので、現存しているもので最古のものは養老律令である。養老律令では、律は12編目からなり、令は（③）などの官制をはじめ、戸令などの民制や学令などが制定されている。

	①	②	③
1	行政法	刑法	階級令
2	民法	行政法	階級令
3	刑法	行政法	官位令
4	商法	刑法	官位令
5	民法	刑法	学位令

5 日本最古の文化は、次のどれか。

1 弥生文化　2 古墳文化　3 縄文文化
4 国風文化　5 青銅器文化

解答 1 4　2 3　3 5　4 3　5 3

解説

1 1. 狩猟、漁労、採集の生活は縄文時代。2. 弥生時代には石器よりも金属器が主流になった。3. 前方後円墳などがつくられたのは古墳時代（3世紀後半から7世紀）。弥生時代は紀元前3世紀から紀元3世紀頃をいう。5. 呪術（アニミズム）が盛んだったのは、縄文時代。

3 1. 聖武天皇は天平文化の時代。2. 渤海との交流は、聖武天皇以後である。3. 不空羂索観音像は天平文化の彫刻。4. 国風文化の特徴。5. 飛鳥文化は奈良県の飛鳥地方を都にし、推古天皇の代を中心にその前後の100年間に栄えた文化。ペルシャや中国、朝鮮半島などとも深いつながりがある。代表的建造物には法隆寺がある。

4 3. 養老律令は養老2年（718年）に成立。全20巻（律10巻、令10巻）。律では盗賊・捕亡などが制定され、令では官位令などの官制、戸令などの民制、学令や軍防令、関市令なども制定されている。

奈良・平安時代

よく出る

6 摂関政治に関する記述として正しいものは、次のどれか。

1 10世紀から11世紀にかけて行われた、武家による独占的政治形態をいう。

2 10世紀から11世紀にかけて藤原氏が摂政・関白の地位を利用して、天皇の代行者として政権を独占した政治形態をいう。

3 11世紀、白河天皇が譲位後上皇となり、鳥羽天皇の補佐役として政権を執行した政治形態をいう。

4 12世紀、北条氏が自己の地位を利用して政権の強化、勢力拡大を図った政治形態をいう。

5 12世紀、源氏が藤原氏と手を結び勢力拡大に成功。その後の武家政権の政治形態をいう。

7 荘園に関する記述として正しいものは、次のどれか。

1 荘園は奈良時代から室町時代にみられた公有地であり、中央貴族や寺社が朝廷に忠誠を誓う意味から、争って大規模な開墾を進めたものである。

2 734年に成立した開墾永年財産法によって、土地を開墾すると朝廷から一定の報奨金が支払われた。そのため一気に荘園が拡大した。

3 平安時代には土地を開墾した者を、朝廷はその土地の管理者に任じ開発領主と呼ばれていた。

4 荘園の発生初期には、開墾者は朝廷から租・庸・調の税を受け取っていたが、鎌倉時代にはこの制度は廃止された。

5 荘園は奈良・平安時代からみられた私有地の名称。墾田永年私財法によって、貴族や寺社が奴婢などを使役して先を争って土地を開墾した。

8 院政時代の上皇（法皇）と天皇の組合せとして正しいものは、次のどれか。

1 白河上皇――後鳥羽天皇

2 後白河上皇――鳥羽天皇

3 白河上皇――鳥羽天皇

4 二条上皇――六条天皇

5 後三条上皇――白河天皇

鎌倉・室町時代

9 一揆に関する記述として妥当なものは、次のどれか。

1　鎌倉時代に農民が起こした共同的扶助要求行動。室町時代には姿を消した。

2　室町時代に、各地の有力土豪の名称として用いられた。

3　農民が年貢の減免や徳政を求めた集団行動のみをいい、宗教的色彩をもつ解放運動とは一線を画す。

4　極めて狭い地域の中で起きる農民解放運動をいう。そのため、各地域の農民には連帯して抵抗するという意識はなかった。

5　室町時代の中期以降では支配者に対する農民の抵抗運動をいい、馬借一揆、徳政一揆、国一揆、一向一揆など多様であった。

よく出る

10 鎌倉幕府と室町幕府に共通して設けられた機関は、次のどれか。

1　政所、評定衆、引付衆、侍所、問注所、守護、地頭

2　政所、評定衆、引付衆、記録所、鎮西探題、守護、地頭

3　政所、評定衆、引付衆、記録所、奥州探題、守護、地頭

4　政所、評定衆、引付衆、侍所、記録所、奥州総奉行、守護、地頭

5　政所、評定衆、引付衆、侍所、問注所、六波羅探題、守護、地頭

解　答　6 2　7 5　8 3　9 5　10 1

解　説

7　5. 743年に成立した墾田永年私財法によって土地の私有が認められると、有力貴族や寺社は先を争って土地を開墾した。そうした土地を自墾地系荘園という。また、山地や原野を開墾し、その土地の所有者を開発領主と呼んだ。開発領主には租税の免除（不輸の権）、警察権力の不介入（不入の権）の特権が与えられたが、豊臣秀吉の時代に荘園は廃止された。

8　3. 院政時代とは、白河上皇・鳥羽上皇・後白河上皇の3上皇が政治の実権を握った11世紀後半～12世紀後半の100年あまりをいう。

9　5. 一揆とは、中世から近世に農民などが支配者の圧政に対し、一致団結した反抗をいう。

10　1. 鎌倉幕府にのみ置かれた機関は、六波羅探題、鎮西探題、奥州総奉行。

11 次の出来事を古い年代順に正しく並べたものはどれか。

①承平・天慶の乱　②平安遷都　③平治の乱
④源氏滅亡　⑤仏教の伝来

1　⑤→②→①→③→④
2　⑤→①→②→④→③
3　⑤→④→③→①→②
4　⑤→③→④→②→①
5　⑤→④→③→②→①

戦国・江戸時代

12 戦国時代に関する記述として正しいものは、次のどれか。

1　いわゆる戦国大名が群雄割拠した時代で、地頭の権力が強大になり、下剋上の風潮は衰退していた。
2　承久の乱以降、守護大名の力が衰退し、各地方の新興大名との間で争いが続発した。この戦いに勝った戦国大名は分国法を定めた。
3　下剋上の風潮が高まり、旧大名と新興大名との対立・抗争が相次いで起きた。中でも織田信長は尾張を制して中央政権を樹立した。
4　戦国大名は分国（領国）を支配して分国内の商工業を保護した。その後、商工業の中心地として城下町が発展した。
5　この時代は、各分国に僧侶や芸人などは自由に往来できたが、公家の往来は禁止されていた。

よく出る

13 次の記述は織豊政権に関するものであるが、（　）に入る語の組合せとして正しいものはどれか。

織田信長と豊臣秀吉の政権。時代的には織田信長の居城である（①）と豊臣秀吉の（②）にちなんで（③）と呼ぶ。織田信長が（④）を追放して権力を掌握し、次いで豊臣秀吉が（⑤）となって天下を統一した。

	①	②	③	④	⑤
1	安土	伏見	安土伏見時代	足利満朝	将軍
2	安土	桃山	安土桃山時代	足利義昭	関白
3	尾張	桃山	尾張桃山時代	新田義貞	将軍
4	伏見	安土	伏見安土時代	足利義昭	将軍
5	安土	桃山	安土桃山時代	足利義貞	関白

14 豊臣秀吉が実施した政策で失敗したものは、次のどれか。

1 太閤検地　　2 刀狩令　　3 文禄・慶長の役
4 バテレン追放令　　5 城下町の建設

15 徳川家康が行った政策に関する記述として正しいものは、次のどれか。

1 豊臣秀吉が行った朱印船貿易を廃止して、幕府が直接貿易に乗り出した。
2 海外にいる邦人の帰国を促し、積極的に外国文化を受け入れた。
3 貿易の拠点を長崎・出島に一元化して、ポルトガル船に限って貿易を許可した。
4 糸割符制度が諸外国との貿易で大きな障害となっているとして、ただちにこれを廃止した。
5 豊臣秀吉が行った2度の出兵によって朝鮮との関係は悪化していたが、対馬の宗氏を通じて交渉し国交を回復させた。

解答 11 1　12 4　13 2　14 3　15 5

解説

11 1. 年代順は、仏教の伝来（538年もしくは552年）、平安遷都（794年）、承平・天慶の乱（939年）、平治の乱（1159年）、源氏滅亡（1219年）。

12 3. 織田信長は畿内を制した。4. 戦国時代は1490年頃から1570年頃にかけて有力大名が群雄割拠した時代。とくに応仁・文明の乱後に守護大名の多くが没落し、下剋上の風潮が高まった。戦国大名たちは分国（領国）を支配するために分国法を制定。さらに分国内の商工業の中心地として城下町が形成され発展した。

13 2. 織豊政権は徳川家康の江戸幕府開幕までの約30年間といった短い政権であったが、大名の統制強化や兵農分離、全国的な検地、鉱山開発、ヨーロッパや東アジアとの交渉など、政治・経済・文化において画期的な時代であった。

14 3. 豊臣秀吉は、2度にわたる朝鮮出兵を実施したが、いずれも失敗した。1度目は文禄の役（1592～1593年）、2度目は慶長の役（1597～1598年）である。

よく出る

16 大名知行制度が確立したのは、次のだれの時代か。

1　足利尊氏　　2　織田信長　　3　源　頼朝
4　徳川家康　　5　豊臣秀吉

17 徳川幕府の職制に関する記述として正しいものは、次のどれか。

1　大目付は大老の直属機関で、諸大名の行動を監察し、諸吏の怠慢を摘発した。
2　老中は幕政を総理し、朝廷および諸大名にかかわる政務を担当。2万5000石未満の譜代大名の中から任ぜられた。
3　若年寄は老中支配以外の諸役人、とくに旗本の支配・監督を行う。
4　城代は幕府の軍事機関で、領国内の城の警備を担当する。譜代大名がこの任に就く。
5　勘定奉行は収税および金銭の出納などの会計関係を担当する機関である。

よく出る

18 享保の改革に関する記述として正しいものは、次のどれか。

1　老中松平定信が行った幕政改革で、棄損令によって過去の借財はすべて帳消しにし、朱子学以外の異学を禁止するなどの文治主義をとった。
2　5代将軍徳川綱吉が行った幕政改革で、上地令によって江戸周辺の私有地を幕府の直轄地に改め、足高の制を定めるなど財政の引き締めを図った。
3　8代将軍徳川吉宗が行った幕政改革で、武芸の振興、倹約の励行、養生所の設置、定免の制などを実行し、財政の立て直しを図った。
4　老中水野忠邦が行った幕政改革で、地換の制によって私有地の代替政策を進め、幕府の直轄地の拡大を図るとともに、綱紀の粛正を断行。
5　老中田沼意次が行った幕政改革で、貿易の奨励、目安箱の設置、医学・洋学の奨励など積極的な財政政策を進めた。

19 江戸幕府では農民に対する制度として五人組制を導入していたが、取り入れた理由として妥当なものは、次のどれか。

1　耕作地を持たない水呑百姓の逃亡や一揆を防ぐ。
2　農民が共同耕作することによって生産性が飛躍的に高まる。
3　農民の相互扶助を最大の目的とした。
4　農民を小集団に分けることで、農耕技術の向上と伝承が容易になる。
5　年貢米の確実な徴収と、犯罪抑制のために相互に監視させる。

よく出る

20 田沼時代（田沼意次）の統治の特徴として正しいものは、次のどれか。

1　朱子学を唯一の国学とし、朱子学による幕吏登用試験を実施した。

2　貿易の奨励など積極的な財政政策を進めたが、その反面で賄賂の横行や汚職の多発などによって政治は腐敗した。

3　諸外国との交易で優れた手腕をふるい、商業および貿易面で幕府に大きく貢献した。

4　質素倹約を第一とし、乱れた風俗を改めるなど綱紀の粛正を断行した。

5　文武両道主義を基調とし、外交問題では武力による解決を図りつつ、学問では儒学や朱子学などを奨励した。

解答　16 5　17 3　18 3　19 5　20 2

解説

16 5. 上位者から与えられた所領を大名が支配する知行制度が確立したのは、豊臣秀吉による天下統一以後である。

17 1. 大目付は老中の直属機関。2. 老中は2万5000石以上の譜代大名の中から任ぜられた。4. 城代は大坂城と駿府城を警護する職制。5. 勘定奉行は幕府直轄地の代官・郡代を監督し、収税、金銭の出納のほかに、領地内の農民の行政・訴訟などを担当した。

18 1. 松平定信が行ったのは、寛政の改革（1787～1793年）。①棄捐(えん)令の制定、②朱子学以外の異学を禁止（寛政異学の禁）。③人足寄せ場の設置などの施策を行った。3. 享保の改革（1716～1745年）は8代将軍徳川吉宗が行った幕政改革。①上米の制、②足高の制、③倹約の励行、④定免の制、⑤目安箱の設置などによって財政の立て直しを図った。4. 水野忠邦が行ったのは、天保の改革（1841～1843年）。①上地令の制定、②人返しの法、③株仲間の解散などの施策。

20 2. 10代将軍家治のときの老中田沼意次が幕府の実権を握っていた時代を田沼時代という。商人の力を利用して幕府財政の再建を目指したが、賄賂政治が横行し、結果的に幕府の勢力は衰えた。

21 元禄文化に関する記述として正しいものは、次のどれか。

1　茶道文化といってもよく、各地の大名は先を争って茶室の建築を進めた。茶道の千利休が侘茶を完成させた。

2　18世紀初頭に江戸を中心に発展した文化で、非現実的な生き方と自由奔放さに特徴がある。式亭三馬の滑稽本などが代表的である。

3　18世紀初頭にかけて上方を中心に栄えた文化で、いわば上方商人の活力を背景に開化した町人文化。井原西鶴、松尾芭蕉などを輩出した。

4　18世紀を通じて江戸で栄えた文化。この文化の特徴は退廃的な美である。浮世絵師の菱川師宣、東洲斎写楽などが活躍した。

5　19世紀初頭に花開いた京都の公家文化で、教育的道徳観を重視した儒教文化を継承していた。俳諧の西山宗因、狂歌の蜀山人などがいる。

明治・大正・昭和時代

22 明治新政府が行った政策を年代順に並べた正しい組合せは、次のどれか。

①版籍奉還　②地租改正　③五箇条の御誓文

④廃藩置県　⑤廃刀令

1　①→③→②→⑤→④　2　③→①→④→②→⑤

3　④→②→③→⑤→①　4　②→⑤→①→④→③

5　③→④→⑤→①→②

よく出る

23 自由民権運動に関する記述として正しいものは、次のどれか。

1　板垣退助や後藤象二郎らが先頭に立って専制打破・国会開設の実現を目指した民主主義運動である。

2　1847年に板垣退助らが右院に民撰議院設立建白書を提出してから、本格的な民権運動が始まった。

3　明治政府は自由民権運動の盛り上がりに対して、集会条例を定め言論や思想、結社の自由を認めた。これによって多くの政党が結成された。

4　板垣退助を党首とする立憲改進党は、フランスの急進的政治思想の影響を受けていたが、士族や豪農、豪商に支持された。

5　大隈重信を党首とする自由党は、イギリスの立憲政治を目指し知識層の支持を得て、野党の第一党となった。

24 次の条約とその全権および事件の組合せとして、正しいものはどれか。

	条約名	全権	事件
1	ベルサイユ条約	西園寺公望	第1次世界大戦
2	ワシントン条約	小林寿太郎	第2次世界大戦
3	天津条約	伊藤博文	東学党の乱
4	パリ不戦条約	内田康哉	軍縮会議
5	下関条約	伊藤博文	日露戦争

よく出る

25 日本は1933年に開催された国際連盟の総会において脱退したが、その理由として妥当なものは、次のどれか。

1 張作霖爆殺事件　2 ノモンハン事件　3 五・一五事件
4 山東出兵　5 満州国建国

解　答 21 3　22 2　23 1　24 1　25 5

解　説

21 3. 元禄文化は17世紀後半～18世紀初頭にかけて、京都や大坂の上方を中心に栄えた町人文化。現実的な生き方と自由な人間性を基調にした。俳諧では西山宗因、松尾芭蕉、浮世絵草子では井原西鶴、戯曲では近松門左衛門、浮世絵では菱川師宣などを輩出している。

22 2. 年代順に並べると、五箇条の御誓文（1868年）、版籍奉還（1869年）、廃藩置県（1871年）、地租改正（1873年）、廃刀令（1876年）。

23 2. 民撰議院設立建白書は1874年に板垣退助らが左院に提出した。3. 集会条例は自由民権運動を弾圧するために定めたもので、集会・結社の規制が目的。4. 板垣退助を党首とするのは自由党（フランスの急進的政治思想の影響が強い）。5. 大隈重信を党首とするのは立憲改進党（イギリス風の議会政治を主張）。

25 年代順に並べると、山東出兵（1927年）、張作霖爆殺事件（1928年）、満州国建国（1932年）、五・一五事件（1932年）、ノモンハン事件（1939年）。5. 国際連盟臨時総会において、満州国の建国は不当と決定されたため、これを不満とした日本は1933年に国際連盟を脱退した。

重要ポイント
世界史・日本史年表

▼世界史

西暦	
B.C3000年頃	エジプト統一国家出現
2000年頃	古代バビロニア王国
1800年頃	ハムラビ法典制定
1500年頃	殷文明
1100年頃	周成立
551年	孔子誕生
400年代	仏教成立（B.C 5世紀前半）
403年	中国戦国時代
221年	始皇帝即位
4年頃	イエス・キリスト誕生
A.D 8年	前漢滅亡
25年	後漢成立
67年	中国に仏教伝来
96年	ローマ五賢帝時代始まる
220年	後漢滅亡 魏・呉・蜀の三国分立
280年	晋が中国統一
350年	朝鮮に高句麗・百済・新羅の三国並立
375年	ゲルマン民族の大移動が始まる
395年	ローマ帝国が東西分裂
420年	宋が成立（南朝）
439年	北魏が華北を統一（北朝）
476年	西ローマ帝国滅亡
589年	隋が中国統一
610年	イスラム教成立
618年	隋が滅亡し、唐が成立
630年	アラブの征服(シリア、メソポタミア、イラン、エジプト)
661年	ウマイヤ朝成立
676年	新羅の朝鮮半島統一
750年	アッバース朝成立、ウマイヤ朝滅亡
755年	安史の乱

▼日本史

西暦	
B.C数千年頃より縄文文化が興る（新石器時代）	
B.C4世紀頃より水田耕作が始まる（弥生文化）	
A.D57年	倭の奴国王が後漢に朝貢、印綬を受ける
239年	邪馬台国の卑弥呼が魏に朝貢、親魏倭王の称号を受ける
300年頃	大和政権の統一が進む
420～480年頃	倭の五王が中国の南朝に朝貢
538年	仏教伝来（一説では552年）
593年	聖徳太子が摂政となる
603年	聖徳太子が冠位十二階を制定
604年	聖徳太子が憲法十七条を制定
645年	中大兄皇子と中臣鎌足が蘇我氏を滅ぼす。新政権をおこし、初めて年号を制定、大化元年とする
663年	白村江の戦い
672年	大海人皇子が壬申の乱で勝利
701年	大宝律令の制定
708年	和同開珎鋳造
710年	平城京遷都
718年	藤原不比等が養老律令を制定
723年	三世一身法の制定
743年	墾田永年私財法の制定(荘園の起源)

年	世界	年	日本
780年	唐が両税法を施行	794年	平安京遷都
786年	ハールーン＝アッラシード即位、サラセン文化の全盛期	802年	坂上田村麻呂が奥州鎮圧
862年	ルーリックがノヴゴロド王国（ロシアの起源）の建設	884年	藤原基経が関白になり摂関政治の基礎が整う
907年	唐の滅亡、五代十国成立		
960年	宋（北宋）成立	935年	承平・天慶の乱が起こる
962年	神聖ローマ帝国のオットー即位		
1010年	李朝大越国成立		
1038年	セルジューク朝成立	1045年	荘園整理令が出される
1069年	王安石の改革	1051年	前九年の役
1077年	カノッサ事件発生	1083年	後三年の役
1096年	十字軍の第1回目の遠征（1270年までに計7回行う）	1086年	院政が始まる
1127年	宋の南渡（南宋）		
1150年頃	アンコールワット建設	1156年	保元の乱
		1159年	平治の乱
		1184年	源頼朝が鎌倉に公文所・問注所を設置
1206年	インドに奴隷王朝成立、モンゴル帝国（チンギス・ハーン即位）	1185年	鎌倉幕府の成立
1215年	マグナ・カルタ制定される		
1219年	チンギス・ハーンの西征	1219年	源実朝が暗殺され、源氏滅亡
1271年	元が成立	1221年	承久の乱、六波羅探題設置
1295年	イギリスで模範議会が開かれる	1232年	北条泰時が御成敗式目を制定
1299年	オスマントルコ成立、マルコ・ポーロが東方見聞録を発表する	1274年	文永の役
		1281年	弘安の役
		1333年	建武新政
1339年	イギリスとフランスとの間で100年戦争が起こる	1338年	室町幕府の創設
1356年	ドイツ皇帝の金印勅書		
1368年	元滅亡、明が成立		
1392年	李氏朝鮮の成立	1392年	南北朝の合一
1450年頃	グーテンベルクが活版印刷術を発明	1404年	明との貿易が始まる
1453年	東ローマ帝国の滅亡	1467年	応仁の乱（～1477年）
1488年	バーソロミュー・ディアスが喜望峰を発見		
1492年	コロンブスがアメリカ大陸を発見		
1498年	バスゴ・ダ・ガマがインドに上陸する		
1517年	ルターの宗教改革		
1519年	マゼランの船隊が世界一周（～1522年）	1543年	種子島に鉄砲伝来
1524年	ドイツ農民戦争	1549年	ザヴィエルがキリスト教を伝える
1526年	ムガル帝国成立	1573年	室町幕府の滅亡
1533年	インカ帝国の滅亡	1582年	豊臣秀吉が検地を開始（太閤検地）

1581年　オランダ独立宣言
1600年　イギリスが東インド会社を設立
1616年　後金(清)が成立
1618年　ドイツ、30年戦争が勃発
1621年　オランダが西インド会社を設立
1642年　ピューリタン革命
1644年　明が滅亡
1651年　イギリスが航海条令を制定
1673年　中国で三藩の乱が起こる
1688年　イギリスで名誉革命
1689年　イギリス、権利章典発布
イギリスで政党政治が始まる、ネルチンスク条約(清、ロシアと国境を画定)
1700年　北方戦争
1748年　モンテスキューが『法の精神』を著す
1756年　イギリスとフランス間で植民地7年戦争が起こる
1762年　ルソーが『民約論』を著す
1763年　イギリスで産業革命が始まる
1776年　アメリカの独立宣言
1789年　フランス革命、人権宣言
1823年　モンロー宣言
1840年　アヘン戦争が起こる
1853年　クリミア戦争が起こる
1861年　アメリカ南北戦争が起こる
1863年　リンカーンが奴隷解放宣言
1871年　ドイツ帝国が成立
1884年　清とフランスとの間で戦争が勃発
1894年　日清戦争が勃発
1900年　義和団事件が起こる
1904年　日露戦争が勃発

1588年　豊臣秀吉が刀狩を実施
1590年　豊臣秀吉が全国統一
1592年　豊臣秀吉が朝鮮に出兵
1600年　関ヶ原の役で徳川家康が勝利する
1603年　徳川家康が徳川幕府を開く
1615年　徳川家康が全国統一（大坂夏の陣)、武家諸法度・禁中並公家諸法度の制定
1616年　海外船の寄港地を平戸と長崎に限定
1635年　邦人の出帰国を禁止
1637年　島原の乱
1641年　鎖国制度の確立、キリシタンを弾圧
1651年　由井正雪の乱
1685年　生類憐みの令の制定（～**1709**年)
1709年　正徳の治（新井白石、～**1715**年)
1716年　徳川吉宗が将軍となり、以後享保の改革を進める
1782年　天明の大飢饉（～**1787**年)
1783年　浅間山大噴火
1787年　松平定信の幕府改革(棄捐令、人足寄場、寛政異学の禁、～**1790**年)
1841年　天保の改革(水野忠邦、～**1843**年)
1854年　日米和親条約締結
1858年　日米修好通商条約締結
安政の大獄
1867年　大政奉還
1868年　鳥羽・伏見の戦い、五箇条の御誓文
1869年　東京遷都
1871年　廃藩置県
1874年　民撰議院設立の建白書が出される
1877年　西南戦争
1885年　内閣制度が発足
1889年　大日本帝国憲法発布
1890年　第1回帝国議会が開かれる

1911年	辛亥革命が起こる		
1912年	中華民国が成立		
1914年	第1次世界大戦が勃発	1914年	第1次世界大戦に参加
1917年	ロシア革命が起こる		
1920年	国際連盟が発足		
1921年	中国共産党が成立	1923年	関東大震災
1925年	五・三〇事件	1925年	治安維持法、普通選挙法の公布
1927年	上海クーデターが起こる	1931年	満州事変勃発
1929年	世界経済恐慌が始まる	1932年	五・一五事件
1933年	ニュー・ディール政策が始まる	1933年	国際連盟脱退
1936年	西安事件	1934年	ロンドン軍縮会議脱退
1937年	盧溝橋事件、日華事変勃発	1936年	二・二六事件
1939年	第2次世界大戦が勃発	1938年	国家総動員法の公布
1941年	太平洋戦争が勃発	1939年	ノモンハン事件
		1940年	三国軍事同盟（日本、ドイツ、イタリア）
1945年	ヤルタ会談、日本がポツダム宣言を受諾	1942年	ミッドウェー海戦
		1945年	広島・長崎に原爆投下、終戦
1949年	北大西洋条約機構調印	1946年	日本国憲法公布
1950年	朝鮮戦争が勃発		
1954年	ジュネーブ会議	1951年	サンフランシスコ平和条約、日米安全保障条約調印
1955年	バンドン会議		
1963年	イギリス、アメリカ、ソ連の三国が部分的核実験停止条約調印	1956年	国際連合に加盟
		1960年	新日米安全保障条約の調印
1965年	アメリカ軍の北ベトナム爆撃が始まる	1965年	日韓基本条約の成立
1966年	中国で文化大革命が始まる		
1975年	ベトナム戦争終結	1972年	沖縄本土復帰、日中国交正常化
1980年	イラン・イラク戦争勃発（～1988年）	1973年	第1次オイルショックが起こる
		1976年	ロッキード事件が起こる
1986年	チェルノブイリ原発事故	1988年	リクルート事件が起こる
1989年	天安門事件が起きる	1989年	消費税の導入
1990年	東西ドイツの統合		
1991年	湾岸戦争、ソ連邦が解体	1992年	PKO協力法の施行
1994年	南アフリカで普通選挙が実施される		
1995年	ボスニア和平協定調印	1995年	阪神・淡路大震災
1997年	香港が中国に返還される		オウム真理教による猛毒サリン事件
1998年	インド、パキスタンの核実験 北朝鮮のミサイル事件	1998年	日本2度目の冬季オリンピック開催（長野）
1999年	コソボ紛争	1999年	国旗国歌法成立
2000年	朝鮮半島南北首脳会談	2002年	日韓共催サッカーワールドカップ
2001年	アメリカ同時多発テロ	2011年	東日本大震災
2002年	イラク戦争勃発	2013年	富士山が世界文化遺産に登録
2011年	中東民主化デモ	2014年	消費税8％に引き上げ
2015年	パリ同時テロ	2015年	安全保障関連法成立
2020年	新型コロナウイルス世界的流行	2019年	消費税10％に引き上げ

Lesson 5 地理

気候

1 世界の気候に関する記述として正しいものは、次のどれか。

1 サバンナ気候に属する地域は、一年を通じ高温で、短い雨季と長い乾季があり、熱帯密林が覆っている。

2 地中海気候に属する地域は、夏は乾燥し冬は比較的温暖で降雨量が多い。

3 温暖湿潤気候に属する地域は、四季の変化が明確であり、夏は高温で雨が少なく、冬は低温で多湿である。

4 ステップ気候に属する地域は、短い乾季と長い雨季があり、雨季に草原が広がる。

5 西岸海洋気候に属する地域は、冬は温帯低気圧による降雨があり温暖、夏は中緯度高気圧に覆われて乾燥する。

2 気候の3要素の組合せとして正しいものは、次のどれか。

1 気温――日照量――湿度　　2 気温――湿度――気圧

3 気温――降水量――風　　4 気温――日照量――雲量

5 気温――蒸発量――降水量

よく出る

3 海流に関する記述として正しいものは、次のどれか。

1 寒流は低緯度から高緯度へ、暖流は高緯度から低緯度に流れる。

2 寒流には黒潮、メキシコ湾流などがあり、暖流には親潮、リマン海流などがある。

3 海流は地球の偏向力によって、北半球では反時計回り、南半球では時計回りになる。

4 海流の起こる原因には、一定方向に吹く風の吹送流や海水の温度差などがある。

5 寒流と暖流がぶつかり合う場所（潮目）は、漁場としては不適当である。

4 日本の冬に多くみられる気圧配置として正しいものは、次のどれか。

1 南高北低型気圧配置
2 東高西低型気圧配置
3 西高東低型気圧配置
4 帯状低気圧型気圧配置
5 移動性高気圧型気圧配置

地形・図法

5 地形に関する記述として正しいものは、次のどれか。

1 海岸平野は海岸部の海底が隆起して陸地化した地形をいい、九十九里浜などが代表的である。

2 フィヨルド式海岸は氷河の浸食によって半島や岬、入江がのこぎり歯状に出入りする海岸をいい、ノルウェーの西岸などが代表的である。

3 リアス海岸は火山噴火による溶岩が大量に海に流れ込んで形成されたもので、三陸海岸が代表的である。

4 三角洲は、湖や海に流れ込む河川の河口付近に泥が堆積して形成されたもので、アマゾン川河口が代表的である。

5 三角江は河口が隆起してできた三角形の入江をいい、揚子江の入江が代表的。

解答 1 2　2 3　3 4　4 3　5 1

解説

1 1．サバンナ気候は高温で長い雨季と短い乾季が特徴。3．温暖湿潤気候は四季の変化が明確であり、夏は高温多雨、冬は低温少雨。4．ステップ気候は長い乾季と短い雨季がある。5．西岸海洋気候は偏西風などの影響により冬は比較的温暖。

3 1．寒流は高緯度から低緯度へ、暖流は低緯度から高緯度に流れる。2．寒流には親潮、リマン海流など、暖流には黒潮、メキシコ湾流などがある。3．北半球では時計回り、南半球では反時計回りである。5．好漁場は寒流と暖流がぶつかり合う場所（潮目）周辺に多い。

5 2．フィヨルドは氷河の浸食によってできた深く険しい入り江。ノルウェーやアラスカ地方に多い。3．陸地が沈んでできた、のこぎりの歯のような複雑な海岸。三陸海岸など。4．河水に運ばれた砂が積もって河口に生じる三角形の砂地。デルタ。ミシシッピ川、テベレ川が有名。5．河川の河口部が沈水して生じたラッパ状の入江。テムズ川、ラプラタ川など。

6 カルデラに関する記述として正しいものは、次のどれか。

1 火山中心部または、周辺部に形成された著しく広い円形の凹所。
2 石灰石の溶解によって形成され、鍾乳洞が発生する。
3 氷河の浸食作用によって形成され、形状はのこぎり状である。
4 河川の浸食作用によって形成され、断崖絶壁状の形状である。
5 保水性が乏しいので湖にはなりにくい。

7 各国の海峡の位置に関する説明として正しいものは、次のどれか。

1 アラフラ海峡は、オーストラリアとパプアニューギニアとの間にある海峡である。
2 クック海峡は、ニュージーランドの北島と南島との間にある海峡である。
3 ドーバー海峡は、イギリスとアイルランドとの間にある海峡である。
4 ジブラルタル海峡は、スペインとチュニジアとの間にある海峡である。
5 ホルムズ海峡は、イラクとオマーンとの間にある海峡である。

8 次の記述はある図法に関する説明であるが、その図法とはどれか。

この図法では、図上の任意の2点を直線で結んだものはそのまま2点間の等角航路を示すので、航海図として広く用いられている。

1 モルワイデ図法　2 サンソン図法　3 グード図法
4 メルカトル図法　5 エケルト図法

世界の農業・鉱工業

よく出る

9 世界の綿工業に関する記述として正しいものは、次のどれか。

1 綿織物が工業として発展したのは産業革命後で、フランスが機械化を進めて世界の綿工場として大量生産をするようになってからである。
2 アメリカ合衆国では、当初は南部地方で綿栽培が始まり、その後ニューイングランドで本格的な綿工業が興った。
3 日本では、アジアのマンチェスターといわれた愛知県が発祥地であったが、戦後は各地に分散して八王子市や桐生市などが有名になった。
4 インドでは、デカン高原が綿栽培に適していたが、綿工業は発達しなかった。
5 中国では華北が綿栽培の中心地で、生産量も世界でトップクラスである。

10 農業形態に関する記述として正しいものは、次のどれか。

1 オアシス農業は人工貯水池をつくり、そこから水を各農地に引き込み農作物を育てる形態で、機械化の進んだ農業である。

2 混合農業は、同じ農地で異なるいくつかの種類の農作物を栽培する形態をいい、ヨーロッパの伝統的な農業である。

3 プランテーションは、協同組合組織からなる集団農場をいい、使用される機械をはじめ、収穫などはすべて組合所有になる。

4 地中海式農業は、その気候に適した作物のみ栽培する形態をいい、コーヒー、さとうきび栽培などがその代表作物である。

5 三圃農業は、農地を冬作・夏作・休耕地の3つに区分して、3年で一巡する輪作方式である。

解答 6 1　7 2　8 4　9 5　10 5

解説

6 2. 石灰石の溶解によって形成されるのはカルスト地形。3. 氷河の浸食作用によって形成されるのはフィヨルド地形。5. カルデラ湖には、田沢湖、十和田湖などがある。

7 1. アラフラ海峡はオーストラリア大陸北部とニューギニア島の間にある浅海。3. ドーバー海峡はイギリスとフランスの間にある海峡。4. ジブラルタル海峡はスペインとモロッコとの間にある海峡。5. ホルムズ海峡はイランとオマーンとの間にある海峡。

9 1. 綿の大量生産を始めたのはイギリス。2. アメリカの綿工業は当初ニューイングランドで始まったが、その後ボストンに中心が移った。3. 日本では、大阪が中心であったが、その後の中心は愛知県に移った。4. インドのデカン高原では、レグール土を利用して綿花の栽培が盛ん。

10 1. オアシス農業は、砂漠のオアシスなどを利用し乾燥に強い作物を栽培する。2. 混合農業は食料と飼料を輪作するとともに、家畜の飼育も行う。3. プランテーションは商業的農園農業ともいい、単一の作物（バナナ、コーヒーなど）を広大な農地で栽培する。4. 地中海式農業は、その気候に適した耐乾性・耐高温性のある作物(オリーブ、レモンなど)を栽培する。

都市機能と都市

11 都市機能と各都市との組合せとして正しいものは、次のどれか。

1 メガロポリス――ニューヨーク、コロンビア、フロリダ
2 テクノポリス――筑波、那覇、札幌
3 軍事都市――ローマ、ベネチア、ウラジオストック
4 政治都市――ワシントン、ブラジリア、キャンベラ
5 宗教都市――成田、ローマ、ウィーン

各国の特色・その他

◎よく出る

12 次の記述は世界の漁場に関する説明であるが、（　）に入る語の組合せとして正しいものはどれか。

好漁場には太平洋の（ア）や（イ）および（ウ）と、大西洋の（イ）と（ア）などがある。中でも太平洋の（ア）には千島海流が流れているので、日本の重要な漁場となっている。

	ア	イ	ウ
1	北東岸	南東岸	北西岸
2	南東岸	北東岸	北西岸
3	北西岸	南東岸	北東岸
4	北西岸	南東岸	南西岸
5	北西岸	北東岸	南東岸

13 草原・森林と分布地域の組合せとして正しいものは、次のどれか。

	セルバ	パンパ	プレーリー
1	アマゾン川流域	アルゼンチン	アメリカ合衆国
2	オリノコ川流域	オーストリア	アフリカ
3	オリノコ川流域	アルゼンチン	イタリア
4	チーサ川流域	アフリカ	アルゼンチン
5	チグリス川流域	ハンガリー	アメリカ合衆国

14 次の記述はある国に関する説明であるが、その国とはどこか。

国土の大半は西岸海洋性気候に属し、山地が比較的多く、中部に山脈や火山が多い。そのため石炭・鉱物資源をはじめ好漁場などにも恵まれている。1970年代に北海油田が開発され、産油国として輸出も行っている。

1 ノルウェー　2 イギリス　3 アメリカ合衆国
4 サウジアラビア　5 中国

よく出る

15 世界的にみて主要産油国ではない国は、次のどこか。

1 サウジアラビア　2 クウェート　3 中国
4 イラク　5 フィリピン

16 ヨーロッパで、農業就業人口の割合が約2%しかないにもかかわらず農業の生産性が高い国は、次のどこか。

1 イギリス　2 フランス　3 ドイツ
4 イタリア　5 オランダ

解答 11 4　12 5　13 1　14 2　15 5　16 1

解説

11 1. メガロポリスとは巨大都市、超巨大都市圏の意味。アメリカ合衆国では大西洋岸のボストンからワシントンにいたる地域をいう。2. テクノポリスとは高度技術集積都市のことで、経済産業省が提唱する地域開発計画で先端技術産業や大学研究機関を誘致する都市。熊本・浜松などが、近年指定された。4. 政治都市とは、政治や行政の中心地として発達した都市のこと。ワシントン（アメリカ合衆国の首都）、ブラジリア（ブラジルの首都）、キャンベラ（オーストラリアの首都）。5. 宗教都市とは神社・教会・聖地などを中心に発達した都市。メッカ・エルサレム・ラサ・バチカンなど。

12 5. 世界の5大漁場とは、太平洋の北東岸・北西岸・南東岸および、大西洋の北東岸・北西岸である。

13 1. セルバとはアマゾン川流域の平野、アマゾン盆地を覆っている熱帯原始林地帯をいう。パンパとはアルゼンチンのラプラタ川下流に広がる大草原のこと。プレーリーは北アメリカ中央部の南北に広がる草原をいう。

16 1. イギリスの農業人口は少ないが、経営規模が大きく、機械化が進み生産性が高い。

よく出る

17 主要生産国と生産品目に関する記述として正しいものは、次のどれか。

1　アメリカ合衆国は、綿花の生産では世界総生産量の約25％を占め、世界1位である。

2　インドで生産される茶は、世界総生産量の約30％を占め、世界1位である。

3　コロンビアで生産されるコーヒーは、世界総生産量の約45％を占める。

4　中国は、羊毛輸出で世界1位である。

5　中国は、世界でも有数の天然ガスの生産国である。

よく出る

18 鉱物資源の主要産出国と産出物に関する記述として正しいものは、次のどれか。

1　ボーキサイトの産出は、オーストラリア、中国、ブラジルなどの国が上位を占める。

2　鉄鉱石の産出は、ブラジル、ペルー、ベネズエラが多い。

3　銅鉱石の最大産出国はアルゼンチンであり、日本も世界4位である。

4　中国は、金とダイヤモンドの産出量が世界1位である。

5　すず鉱の産出国世界1位はペルーで、世界総産出量の約40％を占める。

19 次の記述はある国についての説明であるが、その国の組合せとして正しいものはどれか。

ア　北欧にあるこの国は、1905年にスウェーデンから独立。典型的なフィヨルド海岸が広がり水産業が盛んである。

イ　南アジアにあるこの国はイギリスから1965年に独立。インド洋に浮かぶ大小1196の島々からなり、観光に力点を置いている。

ウ　ラテンアメリカにあるこの国は1978年にイギリスから独立。『アンティルの真珠』と呼ばれる美しい火山島である。

	ア	イ	ウ
1	フィンランド	ネパール	ジャマイカ
2	ノルウェー	モルディブ	ドミニカ国
3	オーストリア	ブータン	バハマ
4	アイルランド	インド	ジャマイカ
5	マルタ	インド	バハマ

20 次の国の首都・通貨単位・主要産業の組合せとして、正しいものはどれか。

		首都	通貨単位	主要産業
1	ミャンマー	プノンペン	ルピア	稲作
2	ペルー	リマ	ソル	鉱工業
3	モンゴル	ビエンチャン	リエル	牧畜
4	レバノン	リャド	リアル	石油
5	トルコ	ダマスカス	ナイラ	綿工業

よく出る

21 次の記述はある国に関する説明であるが、その国はどこか。

グリーンランドを領土に持つこの国は、ユトランド半島と約500の島々からなり、主要産業は農業である。とくに畜産業が盛んで酪農王国と呼ばれている。

1 スイス　　2 ノルウェー　　3 デンマーク
4 オランダ　　5 ニュージーランド

解答 17 4　18 1　19 2　20 2　21 3

解説

17 1. 綿花の生産は中国が世界1位。2. 茶の生産は中国が世界1位。
3. コーヒーの生産はブラジルが世界1位。5. 天然ガスの世界有数の生産国は、アメリカとロシア。

18 2. 鉄鉱石の産出量はブラジル、オーストラリア、中国が多い。
3. 銅鉱石の最大産出国はチリ、日本の産出は微量。4. 中国は金の産出量は世界1位だが、天然ダイヤモンドの産出量は世界1位ではない。
5. すずの主要産出国は中国、インドネシアなどである。

19 2. アは、北欧、フィヨルド海岸、水産業のキーワードから、ノルウェーとわかる。イは、南アジア、インド洋に浮かぶ約1200の島々から構成、観光に力点を置く、キーワードからモルディブ。ウは、独立が近年、アンティルの真珠と呼ばれる美しい火山島の名称からドミニカ国とわかる。

21 3. デンマークは西岸海洋性気候に属し、農業生産の約80%を畜産業が占める。

よく出る

22 次の記述はある国に関する説明であるが、その国はどこか。

細長い地形のこの国は地中海式気候に属し、北部は重化学工業が発達し、南部は大土地所有制のもとで、冬小麦とオリーブ、ブドウの栽培が盛んである。

1 フランス　　2 イタリア　　3 ポルトガル
4 オランダ　　5 ベルギー

23 中央アフリカ共和国は6つの国と国境を接しているが、その組合せとして正しいものは、次のどれか。

1 リビア、エジプト、チャド、コンゴ共和国、ナイジェリア、ケニア
2 タンザニア、アンゴラ、カメルーン、コンゴ共和国、スーダン、リビア
3 ザンビア、ケニア、マリ、ウガンダ、ニジェール、リビア
4 スーダン、チャド、カメルーン、コンゴ共和国、コンゴ民主共和国、南スーダン
5 エジプト、リビア、アルジェリア、モーリタニア、マリ、南スーダン

日本地理

よく出る

24 次の記述を春・夏・秋・冬の順に並べると、正しい組合せになるのはどれか。

ア　年間を通じてもっとも気温の変動が激しく、日本海側で低気圧が発達しやすくなり、全国的に南の風が強く吹く日が多い。
イ　小笠原気団が大きく張り出し、全国的に高温多湿の風が吹き、夕立がある。
ウ　シベリア気団が発達し、日本海側は雨天が多く、太平洋側は乾燥した晴天が続く。
エ　熱帯性低気圧が発達して、相当量の降雨と強風に見舞われる日が多い。

	春	夏	秋	冬
1	イ	ウ	エ	ア
2	エ	ア	ウ	イ
3	ア	イ	エ	ウ
4	エ	イ	ウ	ア
5	イ	ウ	ア	エ

25 日本三公園とその所在地の組合せとして正しいものは、次のどれか。

	偕楽園	後楽園	兼六園
1	水戸市	岡山市	金沢市
2	宇都宮市	岡山市	富山市
3	水戸市	松山市	金沢市
4	水戸市	岡山市	富山市
5	宇都宮市	松山市	金沢市

26 政令指定都市ではない都市は、次のどこか。

1 札幌市　2 北九州市　3 東京都（特別区）
4 仙台市　5 千葉市

解答 22 2　23 4　24 3　25 1　26 3

解説

22 2. イタリアでは、北部は豊富な水源を利用した水力発電によって重化学工業が発達し、南部は中世時代の名残である大土地所有制のもとに冬小麦やオリーブ、ブドウの栽培が盛んである。

25 1. ちなみに日本三景は、天の橋立（京都府・宮津湾）、厳島（いつくしま：広島県・広島湾）、松島（宮城県・松島湾）。五街道は、東海道、中山（仙）道、日光街道、奥州街道、甲州街道。

26 3. 政令指定都市とは、政令で指定する人口70万人超の市で、東京都は含まれない。1956年に制度化され、大阪市（1956年）、京都市（1956年）、名古屋市（1956年）、横浜市（1956年）、神戸市（1956年）、北九州市（1963年）、札幌市（1972年）、川崎市（1972年）、福岡市（1972年）、広島市（1980年）、仙台市（1989年）、千葉市（1992年）、さいたま市（2003年）、静岡市（2005年）、堺市（2006年）、新潟市・浜松市（2007年）、岡山市（2009年）、相模原市（2010年）、熊本市（2012年）が指定されている。

Lesson 6 文学・芸術

日本文学史

1 平安時代初期の和歌の名人、六歌仙に該当しない人物は、次のだれか。

1 柿本人麻呂　2 在原業平　3 文屋康秀
4 僧正遍昭　5 小野小町

よく出る

2 平安時代の作者と作品名の組合せとして正しいものは、次のどれか。

1 紀　貫之──『宇津保物語』　2 藤原道綱母──『更級日記』
3 菅原孝標女──『蜻蛉日記』　4 源　信──『山家集』
5 藤原俊成──『長秋詠藻』

よく出る

3 次の記述は万葉集に関する説明であるが、(　) に入る語の組合せとして正しいものはどれか。

万葉集は現存する最古の（ア）で、全（イ）巻からなる。中でも数多くの歌を詠んでいるは（ウ）であり、(エ) の子供である。

	ア	イ	ウ	エ
1	俳句集	25	山部赤人	柿本人麻呂
2	歌集	18	山上憶良	額田王
3	歌集	30	大伴旅人	大伴家持
4	歌集	20	大伴家持	大伴旅人
5	俳句集	20	柿本人麻呂	額田王

よく出る

4 次の作品を古い年代順に並べた組合せとして、正しいものはどれか。

A 方丈記　B 雨月物語　C 源氏物語
D 徒然草　E 平家物語

1 B→A→C→D→E　2 B→C→E→A→D
3 C→A→E→D→B　4 A→C→E→B→D
5 D→B→A→E→C

5 **次の文章は有名な作品の書き出し部分であるが、その作品名と作者名の正しい組合せはどれか。**

「春はあけぼの。やうやう白くなりゆく山ぎは、すこしあかりて、紫だちたる雲のほそくたなびきたる。」

1 『方丈記』――鴨　長明　　2 『枕草子』――清少納言
3 『徒然草』――兼好法師　　4 『源氏物語』――紫　式部
5 『土佐日記』――紀　貫之

よく出る

6 **井原西鶴の作品ではないものは、次のどれか。**

1 『好色一代男』　2 『日本永代蔵』　3 『本朝二十不孝』
4 『世間胸算用』　5 『浮世風呂』

解答 **1** 1　**2** 5　**3** 4　**4** 3　**5** 2　**6** 5

解説

1 六歌仙は、在原業平、小野小町、文屋康秀、僧正遍昭、喜撰法師、大伴黒主の6人。

2 1. 紀　貫之『土佐日記』『古今集』。2. 藤原道綱母『蜻蛉日記』。3. 菅原孝標女『更級日記』。4. 源　信『往生要集』。このほかの平安時代の有名な作品として清少納言『枕草子』、紫　式部『源氏物語』『紫式部日記』があげられる。

4 『源氏物語』は平安時代の11世紀初頭。『方丈記』は1212年。『平家物語』は13世紀初頭。『徒然草』は1330年頃。『雨月物語』は1776年。

5 このほか「つれづれなるままに～」は兼好法師『徒然草』、「いずれの御時にか、女御、更衣あまたさぶらひ給ひけるなかに～」で始まる紫　式部『源氏物語』、「ゆく河の流れはたえずして、しかももとの水にあらず。」で始まる鴨　長明『方丈記』などが有名である。

6 井原西鶴は江戸前期の浮世草子作者で俳人。代表作品に、町人物（『日本永代蔵』『世間胸算用』など）、好色物（『好色一代男』『好色五人女』など）、武家物（『武家義理物語』など）、俳諧（『西鶴俳諧大句数』『西鶴大矢数』など）がある。『浮世風呂』の作者は式亭三馬。

よく出る

7 江戸時代の作家と作品名の組合せとして正しいものは、次のどれか。

1 近松門左衛門――『曾根崎心中』『国性爺合戦』
2 上田秋成――『読史余論』『折たく柴の記』
3 十返舎一九――『東海道四谷怪談』『東海道中膝栗毛』
4 滝沢馬琴――『南総里見八犬伝』『雨月物語』
5 鶴屋南北――『新花摘』『春風馬堤曲』

よく出る

8 近代文学にはいくつかの派があるが、白樺派といわれる作家の組合せとして正しいものは、次のどれか。

1 武者小路実篤――与謝野晶子――正岡子規
2 有島武郎――志賀直哉――武者小路実篤
3 谷崎潤一郎――尾崎紅葉――樋口一葉
4 二葉亭四迷――夏目漱石――島崎藤村
5 泉 鏡花――田山花袋――森 鷗外

9 芥川賞を受賞していない作家は、次のだれか。

1 石川 淳 2 安部公房 3 開高 健
4 石原慎太郎 5 川口松太郎

日本の芸術家

10 『春の海』や『秋の調べ』、『越天楽変奏曲』などで知られる作曲家は、次のだれか。

1 滝 廉太郎 2 山田耕筰 3 宮城道雄
4 中山晋平 5 大中寅二

11 江戸時代の美術家とその作品の組合せとして正しいものは、次のどれか。

1 円山応挙――『紅白梅図屏風』
2 俵屋宗達――『保津川図屏風』
3 尾形光琳――『雪松図屏風』
4 本阿弥光悦――『風神雷神図屏風』
5 菱川師宣――『見返り美人図』

12 和様書道の能書家、すなわち三蹟と呼ばれる人たちの組合せとして正しいものは、次のどれか。

1 嵯峨天皇――橘逸勢――空海
2 嵯峨天皇――橘逸勢――道元
3 小野道風――藤原佐理――藤原行成
4 紫 式部――小野道風――小野小町
5 嵯峨天皇――小野道風――小野小町

外国文学・西洋美術・芸術家

13 作家と作品の組合せとして正しいものは、次のどれか。

1 ドストエフスキー――『三人姉妹』『友情』『お目出たき人』
2 ツルゲーネフ――『白痴』『幽霊』『カラマーゾフの兄弟』
3 チェーホフ――『鼻』『外套』『検察官』
4 ゴーゴリ――『猟人日記』『初恋』『父と子』
5 トルストイ――『わが宗教』『イワン＝イリイチの死』『復活』

解答 7 1　8 2　9 5　10 3　11 5　12 3　13 5

解説

7 2. 上田秋成の代表作は『雨月物語』『春雨物語』。3. 十返舎一九は『東海道中膝栗毛』。4. 滝沢馬琴は『南総里見八犬伝』『椿説弓張月』。5. 鶴屋南北は『東海道四谷怪談』。

8 与謝野晶子は明星派。正岡子規は日本派。谷崎潤一郎は耽美派。二葉亭四迷は写実主義。尾崎紅葉は擬古典主義。森 鷗外、夏目漱石は高踏派。島崎藤村、田山花袋は自然主義。泉 鏡花はロマン主義。

9 1. 石川 淳は『普賢』（1936年）。2. 安部公房は『壁―S・カルマ氏の犯罪』（1951年）。3. 開高 健は『裸の王様』（1957年）。4. 石原慎太郎は『太陽の季節』（1955年）で受賞。

13 1. ドストエフスキー『罪と罰』『カラマーゾフの兄弟』『悪霊』。2. ツルゲーネフ『父と子』『猟人日記』。3. チェーホフ『かもめ』『桜の園』。4. ゴーゴリ『デイカニカ近郷夜話』『外套』『死せる魂』『検察官』など。

よく出る

14 次の画家と作品の組合せとして正しいものはどれか。

1 ラファエロ――『小椅子のマドンナ』

2 モネ――『草上の食事』

3 ミレー――『踊り子』

4 ゴッホ――『タヒチの女』

5 ゴーガン――『ひまわり』

よく出る

15 次のA～Dの記述は美術・芸術様式に関するものであるが、各様式の組合せとして、正しいものはどれか。

A 18世紀中頃にフランスを中心に広まった芸術様式。特徴は曲線過多の複雑な渦巻きや唐草などの模様に、淡色と金色とを併用する点にある。代表的な建築物はサン・スーシ宮殿である。

B 17世紀を通じてイタリアから各国に広まった芸術様式で、外見的な威容を強調している。代表的な建築物としてヴェルサイユ宮殿がある。

C ゲルマン系の中世美術様式であり、ドイツやフランスなどの西欧各国で栄えた。太い柱と厚い壁が特徴で、ピサの大聖堂が有名である。

D 13世紀から15世紀にかけてドイツ、フランスを中心に広がった美術様式。半円形のアーチの組合せや尖塔が特徴で、ノートル・ダム大聖堂が代表的である。

	A	B	C	D
1	バロック	ロマネスク	ゴシック	ロココ
2	ロココ	バロック	ロマネスク	ゴシック
3	ゴシック	ロマネスク	ロココ	バロック
4	ロマネスク	ゴシック	バロック	ロココ
5	バロック	ロココ	ロマネスク	ゴシック

16 西洋美術家とそのエコール（流派）の組合せとして正しいものは、次のどれか。

1 フォービスム（野獣派）――シャガール

2 超現実派――ルノアール

3 写実派――モネ

4 自然派――シスレー

5 キュービスム（立体派）――ピカソ

17 世界の作曲家に関する記述として正しいものは、次のどれか。

1　古典派の4大作曲家とは、ベートーヴェン、ハイドン、ヘンデル、ドビュッシーをいう。
2　ヘンデルはワルツの王とも呼ばれ、『美しき青きドナウ』を作曲した。
3　交響曲やバレエ音楽において数多くの作品を残したのは、チャイコフスキーである。
4　弦楽4重奏や交響曲などの楽器音楽の基礎をつくり、完成させたのはショパンである。
5　ハイドンはロマン音楽の先駆者であり、数多くの優れたピアノソナタを残した。中でも9つの交響曲は有名である。

18 19世紀の作家と作品の組合せとして誤っているものは、次のどれか。

1　ワーズワース――『叙情詩選』
2　プーシキン――『自然論』
3　モーパッサン――『女の一生』
4　ホイットマン――『草の葉』
5　ディケンズ――『二都物語』

解答 14 1　15 2　16 5　17 3　18 2

解説

14 2.『草上の食事』はマネ。3.『踊り子』はドガ。4.『タヒチの女』はゴーガン。5.『ひまわり』はゴッホ。

15 ベルリン郊外のポツダムにあるサン・スーシ宮殿は、フリードリヒ大王の建造。ヴェルサイユ宮殿の主要部は、ルイ14世の時代につくられた。イタリアのピサの大聖堂は1173年に起工された。パリのノートル・ダム大聖堂は1163年起工、1245年頃完成した。

16 フォービスム（野獣派）ではマチス、超現実派ではダリ、印象派ではモネやマネ、シスレー、ルノアールが有名である。

17 1. 古典派の4大作曲家とはベートーヴェン、ハイドン、モーツァルト、グルックの4人。2. はヨハン・シュトラウス。3. チャイコフスキーの代表作としては『悲愴交響曲』『くるみ割り人形』『白鳥の湖』などが有名。4. はハイドン。5. はベートーヴェン。

18 2. プーシキンの作品は『オネーギン』。『自然論』の作者はエマーソン。

重要ポイント
文学・芸術

【文学】

▼主要古典の作者と作品

◆奈良時代

大伴家持(やかもち)ら	『万葉集』〈撰者〉
編者不明	『懐風藻』
大安万侶(おおのやすまろ)	『古事記』〈編者〉
舎人親王(とねりしんのう)	『日本書紀』〈編者〉

◆平安・鎌倉時代

紀　貫之ら	『古今和歌集』〈編者〉
作者不明	『伊勢物語』
作者不明	『大和物語』
作者不明	『竹取物語』
作者不明	『宇津保物語』
作者不明	『落窪物語』
藤原道綱母(みちつなのはは)	『蜻蛉日記』
紀　貫之	『土佐日記』
清少納言	『枕草子』
菅原孝標女(たかすえのむすめ)	『更級日記』
紫　式部	『源氏物語』『紫式部日記』
藤原公任	『和漢朗詠集』
作者不明	『栄華(花)物語』
藤原通俊	『後拾遺集』
藤原俊成	『千載集』
西行	『山家集』
源信	『往生要集』
空海	『文鏡秘府論』
藤原定家ら	『新古今和歌集』〈撰者〉
鴨　長明	『方丈記』
源　実朝	『金槐和歌集』
慈円	『愚管抄』
作者不明	『平家物語』
藤原定家ら？	『小倉百人一首』〈撰者〉
道元	『正法眼蔵』
日蓮	『立正安国論』
吉田兼好	『徒然草』
橘　成季	『古今著聞集』
親鸞	『教行信証』『歎異抄（唯円編）』

◆南北朝・室町時代

北畠親房	『神皇正統記』
二条良基	『菟玖波集』
世阿弥	『風姿花伝（花伝書）』
宗祇	『新撰菟玖波集』
作者不明	『御伽草子』

◆江戸時代

井原西鶴	『好色一代男』『日本永代蔵』『世間胸算用』
近松門左衛門	『曽根崎心中』『心中天網島』『国性爺合戦』
松尾芭蕉	『おくのほそ道』『笈の小文』『野ざらし紀行』
新井白石	『読史余論』『折たく柴の記』『西洋紀聞』
貝原益軒	『養生訓』
十返舎一九	『東海道中膝栗毛』
竹田出雲ら	『義経千本桜』『仮名手本忠臣蔵』
上田秋成	『雨月物語』『春雨物語』
林　子平	『海国兵談』
杉田玄白	『蘭学事始』
鶴屋南北	『東海道四谷怪談』
式亭三馬	『浮世風呂』『浮世床』
小林一茶	『おらが春』
本居宣長	『古事記伝』『玉勝間』
滝沢馬琴	『南総里見八犬伝』『椿説弓張月』
与謝蕪村	『新花摘』『春風馬堤曲』
頼　山陽	『日本外史』
河竹黙阿弥	『三人吉三廓初買』

▼明治以降の作者と主要作品

福沢諭吉	『学問のすゝめ』『西洋事情』『文明論之概略』
仮名垣魯文	『安愚楽鍋』『西洋道中膝栗毛』
田口卯吉	『日本開化小史』
坪内逍遙	『小説神髄』『当世書生気質』『桐一葉』
二葉亭四迷	『浮雲』『其面影』『平凡』
尾崎紅葉	『金色夜叉』
幸田露伴	『五重塔』『風流仏』
樋口一葉	『たけくらべ』『にごりえ』
土井晩翠	『天地有情』『荒城の月』
泉　鏡花	『高野聖』『婦系図(おんな)』
森　鷗外	『雁』『山椒太夫』『高瀬舟』『阿部一族』
高山樗牛	『滝口入道』
国木田独歩	『武蔵野』『源をぢ』
徳冨蘆花	『不如帰』『自然と人生』
田山花袋	『蒲団』『田舎教師』
正岡子規	『病牀六尺』『仰臥漫録』
斎藤茂吉	『赤光』
萩原朔太郎	『月に吠える』
上田　敏	『海潮音』
佐藤春夫	『田園の憂鬱』
与謝野晶子	『みだれ髪』『君死に給ふことなかれ』
高浜虚子	『斑鳩物語』『俳諧師』
島崎藤村	『若菜集』『破戒』『夜明け前』『新生』
伊藤左千夫	『野菊の墓』
北原白秋	『邪宗門』『思ひ出』
石川啄木	『一握の砂』『悲しき玩具』
夏目漱石	『吾輩は猫である』『こころ』『坊っちゃん』『三四郎』『門』『行人』『明暗』
高村光太郎	『道程』『智恵子抄』
梶井基次郎	『檸檬』
有島武郎	『カインの末裔』『或る女』『生れいづる悩み』
若山牧水	『別離』『海の声』
武者小路実篤	『友情』『お目出たき人』『人間万歳』
志賀直哉	『暗夜行路』『城の崎にて』『小僧の神様』
芥川龍之介	『羅生門』『鼻』『河童』
菊池　寛	『父帰る』『恩讐の彼方に』
永井荷風	『腕くらべ』『つゆのあとさき』『濹東綺譚』
三好達治	『測量船』
堀　辰雄	『聖家族』
谷崎潤一郎	『刺青』『春琴抄』『細雪』
川端康成	『伊豆の踊子』『雪国』『千羽鶴』『山の音』
徳永　直	『太陽のない街』
山本有三	『真実一路』『路傍の石』
林　芙美子	『放浪記』『浮雲』
宮沢賢治	『雨ニモマケズ』『風の又三郎』『銀河鉄道の夜』
小林多喜二	『蟹工船』
室生犀星	『あにいもうと』『杏っ子』
江戸川乱歩	『人間椅子』『黄金仮面』
石川達三	『人間の壁』
石坂洋次郎	『若い人』『青い山脈』
吉川英治	『宮本武蔵』『新平家物語』
太宰　治	『斜陽』『人間失格』『晩年』
坂口安吾	『堕落論』『白痴』
尾崎士郎	『人生劇場』
中原中也	『在りし日の歌』
野間　宏	『真空地帯』
中島　敦	『李陵』
木下順二	『夕鶴』
横溝正史	『本陣殺人事件』
大佛次郎(おさらぎ)	『帰郷』『パリ燃ゆ』
井伏鱒二	『山椒魚』『黒い雨』
井上　靖	『闘牛』『天平の甍(いらか)』
三島由紀夫	『潮騒』『金閣寺』『仮面の告白』
司馬遼太郎	『竜馬がゆく』『国盗り物語』

作家	作品	作家	作品
大岡昇平	『野火』『事件』『俘虜記』	**開高　健**	『裸の王様』『日本三文オペラ』
安岡章太郎	『悪い仲間』『流離譚』	**山崎豊子**	『白い巨塔』『華麗なる一族』
吉行淳之介	『驟雨（しゅうう）』『暗室』『夕暮まで』	**五味川純平**	『人間の条件』
円地文子	『女坂』『なまみこ物語』	**水上　勉**	『雁の寺』『飢餓海峡』
壺井　栄	『二十四の瞳』	**城山三郎**	『落日燃ゆ』『毎日が日曜日』
曽野綾子	『遠来の客たち』	**有吉佐和子**	『恍惚の人』『複合汚染』
安部公房	『砂の女』『他人の顔』『箱男』	**北　杜夫**	『楡家の人々』『夜と霧の隅で』
石原慎太郎	『太陽の季節』『化石の森』	**五木寛之**	『青春の門』
松本清張	『点と線』『日本の黒い霧』	**野坂昭如**	『火垂るの墓』
阿川弘之	『雲の墓標』『春の城』	**小松左京**	『日本沈没』
大江健三郎	『飼育』『個人的な体験』『死者の奢り』	**井上ひさし**	『手鎖心中』『吉里吉里人』
		村上　龍	『限りなく透明に近いブルー』
新田次郎	『富士山頂』『アラスカ物語』	**池田満寿夫**	『エーゲ海に捧ぐ』
遠藤周作	『沈黙』『海と毒薬』『白い人』	**村上春樹**	『ノルウェイの森』

▼主要作家と文芸思想

文芸思想	作家	文芸思想	作家
写実主義	坪内逍遙、二葉亭四迷	**余裕派**	夏目漱石、森　鷗外
擬古典主義	尾崎紅葉、幸田露伴、樋口一葉	**白樺派**	武者小路実篤、志賀直哉
自然主義	島崎藤村、田山花袋、正宗白鳥、徳田秋声	**新現実主義**	芥川龍之介、菊池　寛
		プロレタリア文学派	小林多喜二、葉山嘉樹
浪漫主義	島崎藤村、与謝野晶子		
耽美主義	谷崎潤一郎、永井荷風	**新感覚派**	横光利一、川端康成

【芸術】

▼ヨーロッパ建築様式

ギリシャ建築	①荘重なドーリア式（パルテノン神殿） ②優雅さを誇るイオニア式 ③繊細なコリント式
ビザンチン様式	丸屋根とモザイク壁画（聖ソフィア寺院）
ロマネスク様式	太い柱と厚い壁（ピサの大聖堂）
ゴシック様式	半円形のアーチの組合わせと尖塔（ノートルダム寺院）
ルネッサンス建築	聖ピエトロ寺院
バロック様式	豪壮華麗（ヴェルサイユ宮殿）
ロココ様式	繊細優美（サン・スーシ宮殿）

▼世界の主要画家と作風

印象主義	モネ『睡蓮（すいれん）』、マネ『草上の食事』、ルノアール『シャトーで舟遊び』『ブロンドの浴女』、ピサロ、シスレー、ドガなど。
後期印象主義	ゴッホ『ひまわり』『糸杉のある道』、ゴーギャン『タヒチの女』、スーラ、セザンヌなど。

ロマン主義	ドラクロア『民衆をひきいる自由の女神』『キオス島の虐殺』、ターナーなど。
写実主義	ミレー『晩鐘』、コローなど。
フォービスム（野獣派）	マチィス『オダリスク』『バンスの礼拝堂壁画』、ブラマンクなど。
キュービスム（立体派）	ピカソ『アヴィニヨンの娘たち』、ブラックなど。
シュールレアリスム（超現実派）	ダリ、デュシャンなど。
表現主義	キルヒナー、カンディンスキーなど。
エコール・ド・パリ	モディリアニ、シャガール、スーチン、ユトリロなど。

▼世界の主要音楽家と作品

ドイツ	
バッハ	（1685－1750）ドイツ３Ｂのひとり。『ブランデンブルク協奏曲』
ヘンデル	（1685－1759）作風は単純明快。『水上の音楽』『メサイア』
ベートーヴェン	（1770－1827）ドイツ３Ｂのひとり。『英雄』『運命』
メンデルスゾーン	（1809－1847）『無言歌集』『真夏の夜の夢』『エリア』
シューマン	（1810－1856）『子どもの情景』『詩人の恋』『謝肉祭』
ワグナー	（1813－1883）『タンホイザー』『ローエングリン』
ブラームス	（1833－1897）ドイツ３Ｂのひとり。『交響曲第一番』
オーストリア	
ハイドン	（1732－1809）交響曲の父。『天地創造』『四季』
モーツァルト	（1756－1791）ウィーン古典学派。『フィガロの結婚』
シューベルト	（1797－1828）『未完成交響曲』『野ばら』『美しき水車』
ヨハン・シュトラウス	（1825－1899）ワルツ王。『美しき青きドナウ』
イタリア	
ロッシーニ	（1792－1868）歌劇の第一人者。『セビリアの理髪師』『オテロ』
ヴェルディ	（1813－1901）『リゴレット』『椿姫』『アイーダ』
プッチーニ	（1858－1924）『トスカ』『ボエーム』『蝶々夫人』
ポーランド	
ショパン	（1810－1849）ピアノ詩人。『子犬のワルツ』『雨だれ』
ハンガリー	
リスト	（1811－1886）ピアノの魔術者。『ハンガリア狂詩曲』
フランス	
サン・サーンス	（1835－1921）『サムソンとデリラ』『死の舞踏』
ビゼー	（1838－1875）『カルメン』『アルルの女』
ドビュッシー	（1862－1918）『牧神の午後への前奏曲』
ロシア	
チャイコフスキー	（1840－1893）『白鳥の湖』『くるみ割り人形』
チェコ	
ドヴォルザーク	（1841－1904）『新世界より』

Lesson 7 国語

読み

1 漢字の読みとして正しいものは、次のどれか。

1 愛惜（あいしゃく） 2 幾許（いしょう） 3 角逐（かくちく）
4 忌避（きなん） 5 矩形（きょけい）

よく出る

2 次の文章のうち、ふりがながすべて正しいものはどれか。

1 選挙遊説で各地を東奔西走（とうほんせいそう）。あとは結果を固唾（かたず）をのんで待つばかりだ。

2 難攻不落（なんこうふらく）の城を攻め、門戸（もんと）を開放した。

3 太古は狼煙（のろし）を使い遠方と交信し、象形（ぞうけい）文字を使用していた。

4 古美術品には似非（いせ）品が多いので、真贋（しんがん）の鑑定には神経を使う。

5 泥酔（だくすい）して、周囲に悪態（あくじ）をつく。

よく出る

3 次の文章のうち、ふりがながすべて正しいものはどれか。

1 経済界の重鎮（じゅうしん）が、将来の日本経済に警鐘（けいどう）を鳴らした。

2 恩師の葬儀で哀悼（あいたく）の意を表したが、嗚咽（おいん）を抑えることができなかった。

3 戦国時代には有力武将が群雄割拠（ぐんおうかっきょ）し、多くの武勇伝（ぶゆうでん）が残っている。

4 花卉（かべん）の需要が大幅に増え、農家は未曽有（みぞうゆう）の収入アップに喜んでいる。

5 決めたことは、初志貫徹（しょしかんてつ）し、実現に向かって日々切磋琢磨（せっさたくま）していくべきだ。

よく出る

4 漢字の読みとして正しいものは、次のどれか。

1 胡座（ござ）　2 噴飯（ふんぱん）　3 乃至（のじ）
4 野点（のてん）　5 羊歯（ようし）

漢　字

5 次の文章で下線部の漢字が、正しいものはどれか。

1 快投乱麻を断つ　2 筆記試験の模範回答
3 商工会議所の会頭　4 快盗ルパン
5 冷凍食品の塊凍

6 次の文章で下線部の漢字が、すべて正しいものはどれか。

1 経済を回復させる誹策はないが、管民が一体となって様々な問題に取り組むことが先決である。
2 国会での予算真議は白熱し、議会が憤糾したため一時散開した。
3 事件の核心に触れ、一挨に事件解決かと思われたが再び庵礁に乗り上げた。
4 極めて意味深長な言葉であるが、その言葉を反芻して理解に努める。
5 2つの決果には総関関係があるので、慎重に調査する。

解答 1 3　2 1　3 5　4 2　5 3　6 4

解説

2 2. 門戸（もんこ）。3. 象形（しょうけい）。4. 似非（えせ）。5. 泥酔（でいすい）、悪態（あくたい）。

3 1. 重鎮（じゅうちん）、警鐘（けいしょう）。2. 哀悼（あいとう）、嗚咽（おえつ）。3. 群雄割拠（ぐんゆうかっきょ）。4. 花卉（かき）、未曾有（みぞう）。

4 1. あぐら。3. ないし。4. のだて。5. しだ。

5 1. 快刀乱麻。2. 解答（回答は返事の場合に使う）。4. 怪盗。5. 解凍。

6 1. 誹策は秘策、管民は官民。2. 真議は審議、憤糾は紛糾、散開は散会。3. 一挨は一気、庵礁は暗礁。5. 決果は結果、総関は相関。

7 国語

四字熟語

7 四字熟語の漢字が正しいものは、次のどれか。

1 絶対絶命　　2 一獲千金　　3 臥新償胆
4 捲土従来　　5 五里霧中

8 次の四字熟語と意味の組合せとして正しいものはどれか。

ア　偕老同穴　　イ　曲学阿世　　ウ　生生流転　　エ　青天白日

意味

A　無罪であることが明らかになること。
B　絶えず変化しながら移りかわること。
C　死後も同じ墓に葬られるほど夫婦間の契りがとてもかたいこと。
D　時流や権力に迎合して真理をまげた学説をとなえること。

	ア	イ	ウ	エ
1	D	B	A	C
2	C	D	B	A
3	B	D	C	A
4	A	C	D	B
5	A	B	C	D

9 2つの四字熟語の組合せとして意味が正反対のものは、次のどれか。

1 魑魅魍魎――百鬼夜行
2 針小棒大――大言壮語
3 唯唯諾諾――付和雷同
4 泰然自若――周章狼狽
5 七転八起――深謀遠慮

10 次の四字熟語の□に入らない漢数字の組合せは、どれか。

□石□鳥　　□臓□腑　　□拝□拝　　朝□暮□

1 七・八　　2 五・六　　3 三・四
4 三・九　　5 一・二

同音語

11 下線部の漢字の読みが同じものの組合せは、次のどれか。

1 { 礼儀正しい<u>応</u>対。 / 順<u>応</u>性がある。

2 { 長年の願いが<u>成</u>就した。 / 契約が正式に<u>成</u>立した。

3 { とうてい<u>納</u>得できない。 / 役所の出<u>納</u>担当者。

4 { 殿様に<u>献</u>上する品物。 / <u>献</u>身的に看病する。

5 { 政局が安<u>定</u>する。 / 損得勘<u>定</u>をする。

解答 7 5　8 2　9 4　10 1　11 4

解説 7 1. 絶体絶命。2. 一攫千金。3. 臥薪嘗胆。4. 捲土重来。

9 1. 魑魅魍魎は山や川の様々な怪物のこと。百鬼夜行とは多くの者が悪事を働くこと。2. 針小棒大とは針ほどのことを棒ほどに大きくしていうこと。大言壮語とは威張って大げさなことを言うこと。3. 唯唯諾諾とは他人の意見に盲従すること。付和雷同とは見識がなく、他人の意見に理由もなく賛成すること。4. 泰然自若とは落ち着いて何事にも動じないこと。周章狼狽とは、あわてふためくこと。5. 七転八起とは何回失敗してもくじけず、起き上がって奮闘すること。深謀遠慮は遠い先のことまで深く考えたはかりごと。

10 順に一石二鳥、五臓六腑、三拝九拝、朝三暮四となるので、七と八が入らない。

11 1. 応対（<u>おう</u>たい）、順応（じゅん<u>のう</u>）。2. 成就（<u>じょう</u>じゅ）、成立（<u>せい</u>りつ）。3. 納得（<u>なっ</u>とく）、出納（すい<u>とう</u>）。5. 安定（あん<u>てい</u>）、勘定（かん<u>じょう</u>）。

対義語・同義語

12 対義語の組合せとして正しいものは、次のどれか。

1 絶対的 ⇔ 必然的　2 徴税 ⇔ 納税　3 匿名 ⇔ 仮名
4 観念性 ⇔ 抽象性　5 結果 ⇔ 目的

13 同義語の組合せとして誤っているものは、次のどれか。

1 利己 ＝ 利他　2 唯一 ＝ 無二　3 基点 ＝ 原点
4 主意 ＝ 大要　5 侵出 ＝ 侵入

ことわざ

14 ことわざと、その意味の組合せとして正しいものは、次のどれか。

1 浅き川も深く渡れ ⇒ 何事も悲観的に考えれば間違いないということ。
2 傍目八目 ⇒ 当人より周囲の人のほうが冷静な判断ができるということ。
3 先鞭をつける ⇒ 競争に勝って学問の頂点に立つこと。
4 肺肝を摧(くだ)く ⇒ 心の中の考えをすべてうちあけることは愚かだということ。
5 畑に蛤 ⇒ 探し物をしていて思わぬ宝物を見つけるということ。

よく出る

15 ことわざと、その意味の組合せとして誤っているものは、次のどれか。

1 因果をふくめる ⇒ やむを得ない事情をよく説明して、納得させてあきらめてもらうこと。
2 靴を隔てて痒きを掻く ⇒ 思ったように物事が進まないので、じれったいこと。
3 切歯扼腕 ⇒ お互いに歯をくいしばり、励まし鍛えあって学問に精進して立派な人間になるということ。
4 朝三暮四 ⇒ 目にみえる相違にばかり気をとられて、本来は同じものであることに気がつかないこと。
5 鼻であしらう ⇒ 相手の話しかけに返事もせずに、冷たい態度をとること。

語句の意味

16 語句とその意味の組合せとして正しいものは、次のどれか。

1 傀儡 ⇒ あやつり人形を意味し、人を利用して意のままに動かす人。
2 躁妄 ⇒ 被害妄想的な考えかたをすること。
3 些少 ⇒ 少し。いささか。わずか。
4 天賦 ⇒ 学識の深いこと。学問の深遠なこと。
5 小人物 ⇒ 度量のある人。品性の高い人。

17 語句とその意味の組合せとして誤っているものは、次のどれか。

1 四通八達 ⇒ 道路・交通が四方八方に通じていること。
2 遁辞 ⇒ 逃げ口上。言い逃れ。
3 末輩 ⇒ 地位や技術が他の人より優れている人。
4 出来秋 ⇒ 作物を収穫する時期。稲の実りのよい秋。
5 遍照 ⇒ あまねく（広く）照らすこと。

解答 12 2　13 1　14 2　15 3　16 3　17 3

解説

12 対義語とは、意味の上で反対の、あるいは対をなす2つ以上の語のことである。1. 絶対的の対義語は相対的。以下、3. 匿名は実名。4. 観念性は実存性あるいは現実性。5. 結果は原因である。

13 1. 同義語とは、中心となる語意が似ている語のこと。利己と利他は対義語。

14 正しい意味は、1. 浅い川も深い川と同じように注意して渡れということ。3. 他人よりも先に物事に手をつけること。4. さまざまに心を尽くして考えること。5. あり得ないもの、見当違いのものを求めること。

16 1. 傀儡（かいらい）は、あやつり人形を意味し、それが転じて人の手先となってその意のままに動く人を指す。2. 躁妄（そうぼう）は、軽はずみで考えのないこと。4. 天賦（てんぷ）は、生まれつき、天性をいう。5. 小人物（しょうじんぶつ）は度量の狭い人、品性の下劣な人を指す。

17 1. 四通八達は、「しつうはったつ」と読む。2. 遁辞は、「とんじ」と読む。3. 末輩は、「まっぱい」と読み、地位や技術が他人より劣る人をいう。4. 出来秋は、「できあき」と読む。5. 遍照は、「へんじょう」と読む。

敬語

18 一般的な敬語の表現として正しいものは、次のどれか。

1 両親がくれぐれも先生によろしくとおっしゃっていました。
2 その件につきましては、明日ご返事申し上げます。
3 A君は今日病気で休んでいらっしゃいます。
4 先生の申されたことは間違いありません。
5 どうぞ早めにお召し上がりになってください。

19 次の普通動詞を謙譲語になおすと、正しい組合せはどれか。

普通語　ア　行く　イ　食う　ウ　見る

1 ア　いらっしゃる　イ　いただく　ウ　ご覧になる
2 ア　参る　イ　あがる　ウ　拝見する
3 ア　参る　イ　いただく　ウ　拝見する
4 ア　いらっしゃる　イ　あがる　ウ　ご覧になる
5 ア　いらっしゃる　イ　あがる　ウ　拝見する

文法

20 "先生がおみえになられた" の「られ」と下線部の「られ」が同じ使い方をしている文章は、次のどれか。

1 先日、父親に怒られた。
2 一度にバナナ20本は食べられない。
3 たった今、お客さまが帰られた。
4 人からじろじろ見られても平気だ。
5 誠意が少しも感じられない。

21 "暖かい風に春の気配が自然と感じられる" の「られる」と下線部の「られる」が同じ使い方をしている文章は、次のどれか。

1 今度買った車は7人乗せられる。
2 郷里にいる年老いた両親のことが案じられる。
3 恩師が向こうから歩いてこられる。
4 この量なら、私でも食べられる。
5 人からほめられることをしなさい。

22 次の文章の下線部の品詞の組合せとして、正しいものはどれか。

とうてい　信じ　られ　ない　話
ア　イ　ウ　エ　オ

1	ア	副詞	イ	動詞	ウ	助動詞	エ	助動詞	オ	名詞
2	ア	形容詞	イ	助動詞	ウ	動詞	エ	形容詞	オ	名詞
3	ア	副詞	イ	動詞	ウ	助動詞	エ	形容詞	オ	名詞
4	ア	動詞	イ	助動詞	ウ	助動詞	エ	助動詞	オ	名詞
5	ア	動詞	イ	形容詞	ウ	助動詞	エ	助動詞	オ	名詞

23 次の文章の下線部の品詞の組合せとして、正しいものはどれか。

その　本　も　非常に　おもしろい
ア　イ　ウ　エ　オ

1	ア	代名詞	イ	名詞	ウ	助動詞	エ	形容詞	オ	形容動詞
2	ア	連体詞	イ	名詞	ウ	助詞	エ	形容動詞	オ	形容詞
3	ア	形容動詞	イ	名詞	ウ	助動詞	エ	形容詞	オ	形容動詞
4	ア	連体詞	イ	名詞	ウ	助動詞	エ	形容詞	オ	形容詞
5	ア	代名詞	イ	名詞	ウ	助詞	エ	動詞	オ	形容動詞

7 国語

解答 18 2　19 3　20 3　21 2　22 1　23 2

解説

18 敬語には、尊敬語、謙譲語、丁重語、丁寧語、美化語がある。1.「おっしゃっていました」ではなく、「申しておりました」(謙譲語＋丁寧語)。3.「休んでいらっしゃる」は尊敬語。ここでは、「休んでいます」(丁寧語)。4.「申された」ではなく、「おっしゃった」(尊敬語)。5.「お召し上がりになって」は尊敬語と美化語が重なっている。「召し上がって」で十分。

20 助動詞「れる」「られる」には、①受け身（～に～されるという意で、財布を奪われるなど)、②自発（自然にそうなるという意で、昔が偲ばれる、夜が待たれるなど)、③可能（～することができるの意で、明日は行かれるなど)、④尊敬（動作を敬う意で、先生が来られるなど）などがある。問題の文章は④の使い方で、これと同じものは3である。また21の問題文は②の使い方でこれと同じものは2である。

総　合

24 漢字の読みとして正しいものは、次のどれか。

1　戯言（きょげん）
2　借款（しゃくしゃ）
3　擾乱（ゆうらん）
4　言霊（ことだま）
5　常套（じょうしょう）

25 次の文章のうち、漢字がすべて正しいものはどれか。

1　雨が不足すると夏は異状渇水（いじょうかっすい）に見舞われ、連日（れんじつ）節水を余義（よぎ）なくされる。
2　事実を些細（しさい）に倹討（けんとう）の上、処遇（しょぐう）を決める。
3　多彩（たさい）なニーズを反映（はんえい）させることが、売上を飛躍的（ひやくてき）に伸ばすコツである。
4　非常事熊（ひじょうじたい）宣言を発令（はつれい）して、万一（まんいち）の場合に備える。
5　絶対絶命（ぜったいぜつめい）の危機（きき）に逢（あ）ったが九死に一生を得た。

26 次のことわざの意味として、正しいものはどれか。

“析薪を負う（せきしんをおう）”

1　貴重な薪（まき）をコツコツ長年蓄め込むことが転じて、何事も真面目に行っていればしだいに財産が増えるということで、「塵も積もれば山となる」と同義。
2　父親が薪（まき）を割り、その薪（まき）を子供が背負う様子が転じて、子孫が先祖代々の事業を立派に受け継いでいくということ。
3　薪（まき）を調達できるかどうかは死活問題にもかかわってくるので、調達者はそれだけ大きな責任を背負っているということ。
4　一家の大黒柱としての責任を薪（まき）にたとえており、薪（まき）、つまり大黒柱の努力しだいで一家の運命が決まるということ。
5　国が豊かになるには潤沢な財政が必要であり、そのため租税を薪（まき）にたとえ、農民ひとりひとりに納税の義務を課すということ。

27 次の四字熟語の□に同じ漢字が入らないものはどれか。

1 □撓□屈　2 有□無□　3 □念□想
4 □材□所　5 閑□休□

28 対義語の組合せとして誤っているものは、次のどれか。

1 満潮 ⇔ 干潮　2 豪華 ⇔ 質素　3 束縛 ⇔ 自由
4 単純 ⇔ 曖昧　5 緊張 ⇔ 弛緩

29 同義語の組合せとして誤っているものは、次のどれか。

1 圧迫 ＝ 抑圧　2 傾斜 ＝ 勾配　3 成就 ＝ 目的
4 準備 ＝ 用意　5 未来 ＝ 将来

30 下線部の漢字がどちらも正しいものの組合せは、次のどれか。

1 議会で決を採る。／公務を執る。
2 食欲が振るわない。／声を奮わせる。
3 草花を捕る。／写真を撮る
4 知事を長年努める。／商社に勤める。
5 真意を計る。／リストラを図る。

解答 24 4　25 3　26 2　27 5　28 4　29 3　30 1

解説

24 1. ざれごと。2. しゃっかん。3. じょうらん。5. じょうとう。

25 正しくは、1. 異常渇水、余儀。2. 子細、検討。4. 非常事態。5. 絶体絶命、遭。

27 1. 不撓不屈、2. 有厚無厚、3. 無念無想、4. 適材適所、5. 閑話休題。

28 4. 単純の対義語は複雑。曖昧は明瞭。

29 3. 成就の同意語は達成。目的は目標。

30 2. 声を震わせる。3. 草花を取(採)る。4. 知事を長年務める。5. 真意を測る。

Lesson 8 数学

代数的分野

1 $x^2+4x-12<0$かつ、$x^2+2x-15\geqq 0$を満たすxの範囲は、次のどれか。

1 $x\geqq 3,\ x<2$
2 $-6<x\leqq -5$
3 $-9<x\leqq -3$
4 $x\geqq 3,\ x<-4$
5 $-6<x\leqq 3$

よく出る

2 $\dfrac{\sqrt{2}+\sqrt{3}-1}{\sqrt{2}+\sqrt{3}+1}$を簡単にした式は、次のどれか。

1 $\dfrac{\sqrt{3}-\sqrt{2}}{2}$
2 $\dfrac{\sqrt{6}-\sqrt{3}}{2}$
3 $\dfrac{\sqrt{6}-\sqrt{2}}{2}$
4 $\dfrac{\sqrt{3}-\sqrt{2}}{3}$
5 $\dfrac{\sqrt{6}-\sqrt{3}}{3}$

よく出る

3 $4x^2-3x+8=0$の2つの解をα,βとすると$\alpha^2+\beta^2$の値は、次のどれか。

1 $-\dfrac{55}{16}$
2 $\dfrac{73}{16}$
3 $\dfrac{55}{16}$
4 $\dfrac{55}{8}$
5 $\dfrac{73}{8}$

4 実数x, yが$(x+yi)(1+3i)=11+13i$を満たすとき、x, yの値は次のどれか。

1 $x=3,\ y=4$
2 $x=4,\ y=-5$
3 $x=-4,\ y=5$
4 $x=5,\ y=2$
5 $x=5,\ y=-2$

5 原点を中心にした半径５の円と直線 $y=2x-5$ との交点の座標は、次のどれか。

１ $(0,\ 5)$，$(-4,\ -3)$　　２ $(0,\ -5)$，$(4,\ -3)$
３ $(0,\ -5)$，$(4,\ 3)$　　４ $(0,\ 5)$，$(-4,\ 3)$
５ $(0,\ -5)$，$(-4,\ 3)$

6 10進法の13を２進法で表すといくつか。

１ 1100　２ 1101　３ 1111　４ 1010　５ 1000

解答 1 ２　2 ３　3 １　4 ５　5 ３　6 ２

解説

1 $x^2+4x-12<0$ は $(x+6)(x-2)<0$、したがって $-6<x<2$
$x^2+2x-15\geqq 0$ は $(x+5)(x-3)\geqq 0$、したがって $x\geqq 3$、$x\leqq -5$
よって、$-6<x\leqq -5$

3 $ax^2+bx+c=0$ の解を α、β とすると、解と係数の関係により、
$\alpha+\beta=-\frac{b}{a}$、$\alpha\beta=\frac{c}{a}$ となる。これを式にあてはめると
$\alpha+\beta=\frac{3}{4}$、$\alpha\beta=\frac{8}{4}=2$
よって、$\alpha^2+\beta^2=(\alpha+\beta)^2-2\alpha\beta=(\frac{3}{4})^2-2\cdot 2=\frac{9}{16}-4=-\frac{55}{16}$

4 まず $(x+yi)(1+3i)$ を展開して、１つの複素数に整理する。
$(x+yi)(1+3i)=x+3xi+yi+3yi^2=(x-3y)+(3x+y)i$
よって、$(x-3y)+(3x+y)i=11+13i$ となり、$x-3y=11$、$3x+y=13$
これを解くと、$x=5$、$y=-2$ である。

5 原点を中心にした半径５の円の方程式は $x^2+y^2=5^2$ であるので、$y=2x-5$ との連立方程式を解くと、$x=0$、$y=-5$、または $x=4$、$y=3$ となる。

6 10進法の13を２進法で表すとき、計算は次のようにすると簡単である。

```
2) 13       余り
2)  6 ・・・・1 ↑
2)  3 ・・・・0 │
    1 ・・・・1 ┘
```

計算の余りから矢印の方向にとって1101とする。

7 **1次関数グラフに関する次の記述で、（　）に入る語の組合せとして、正しいものはどれか。**

xがどのような実数値をとっても、関数$y = ax + b$の値が常に正ならば、aは（ア）、bは（イ）である。

	ア	イ
1	負	0
2	正	負
3	負	負
4	0	正
5	正	0

8 **$y=2x^2$のグラフをどのように平行移動すると、$y=2x^2+8x+5$のグラフになるか。**

1　x軸方向に-1、y軸方向に-2平行移動する。
2　x軸方向に1、y軸方向に-3平行移動する。
3　x軸方向に-2、y軸方向に-3平行移動する。
4　x軸方向に-1、y軸方向に3平行移動する。
5　x軸方向に-3、y軸方向に-2平行移動する。

9 **点（0, -8）を通る直線が、放物線$y=2x^2$と点Aで接するとき、Aのx座標はいくらか。**

1　$\sqrt{2}$
2　2
3　$2\sqrt{2}$
4　3
5　$3\sqrt{2}$

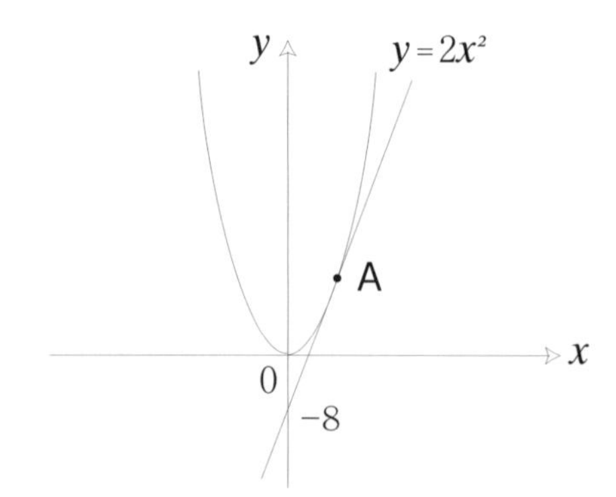

よく出る

10 直線 $ax+by+c=0$ は、$ac>0$、$bc>0$ の場合に、第何象限を通るか。

1 第2，3，4象限　　2 第1，3，4象限

3 第1，2，4象限　　4 第1，2象限

5 第2，4象限

11 恒等式として正しいものは、次のどれか。

1 $(ab)^{m}=a+b$　　2 $a^{-m}=\frac{a}{m}$

3 $a^{\frac{q}{p}}=\sqrt[q]{a}^{p}$　　4 $a^{m}\times a^{n}=a^{mn}$

5 $(a^{m})^{n}=a^{mn}$

解答 7 4　8 3　9 2　10 1　11 5

解説

7 1次関数は $y=ax+b$ で表される。グラフにしたときの傾きは、

① $a>0$ → 右上がりの直線

② $a=0$ → x 軸に平行な直線

③ $a<0$ → 右下がりの直線　となる。

ここでは、y の値が常に正とあるので

②の $a=0$ の形のグラフとなる。

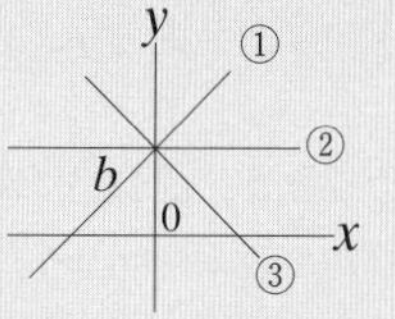

8 $y=a(x-p)^2+q$ のグラフは、放物線 $y=ax^2$ のグラフと合同。そこで $y=2x^2+8x+5$ を標準形になおすと、$y=2(x+2)^2-3$ になる。よって、$y=2x^2$ のグラフを x 軸方向に -2、y 軸方向に -3 平行移動させればよい。

9 点 $(0,-8)$ を通る直線の方程式を $y=ax-8$ とすると、交点の座標は

$$\begin{cases} y=2x^2 & \cdots\cdots① \\ y=ax-8 & \cdots\cdots② \end{cases}$$ の解となる。

①②より、$2x^2-ax+8=0\cdots\cdots③$

また、点A1点にだけ接するので、$a^2-4\times2\times8=0$ とならなければならないので、$a^2=64$　$\therefore a=\pm8$　右上がりのグラフなので $y=8x-8$

10 直線 $ax+by+c=0$ が第何象限を通るかは、x 切片、y 切片の符号を調べる。x 切片は、x 軸 $(y=0)$ との交点の x 座標で $-\frac{c}{a}$、y 切片も同様に $-\frac{c}{b}$ である。$ac>0$、$bc>0$ では、a と c、b と c は同符号であるので、$-\frac{c}{a}<0$、$-\frac{c}{b}<0$ であるから第2、3、4象限を通る。

12 次の命題で正しいものはどれか。ただし、文字はすべて実数とする。

1　$x^2 < y^2$ならば$x^3 < y^3$である。

2　すべてのxについて、$x^2 + x - 3 > 0$である。

3　3つの異なる無理数の積は、常に無理数である。

4　$x > 2$を満たすすべてのxは、$x^2 > 4$である。

5　どんな素数pをとっても、pは奇数である。

13 $0 < a < b$、$a + b = 1$のとき、a、b、$2ab$、$a^2 + b^2$の数を大小順に正しく並べたものはどれか。

1　$2ab < a < \frac{1}{2} < a^2 + b^2 < b$　　2　$a < a^2 + b^2 < 2ab < \frac{1}{2} < b$

3　$a < 2ab < \frac{1}{2} < a^2 + b^2 < b$　　4　$b < \frac{1}{2} < 2ab < a^2 + b^2 < a$

5　$\frac{1}{2} < a < a^2 + b^2 < b < 2ab$

幾何学的分野

14 周が40㎝、面積が60㎝²である直角三角形の3辺の長さはいくらか。

1　斜辺19㎝、他の2辺が7㎝と15㎝

2　斜辺21㎝、他の2辺が8㎝と15㎝

3　斜辺17㎝、他の2辺が8㎝と15㎝

4　斜辺15㎝、他の2辺が6㎝と13㎝

5　斜辺17㎝、他の2辺が7㎝と13㎝

15 右図のような1辺が12㎝の立方体がある。平面CFHで切断したときにできる、三角錐C－FGHの体積はいくらか。

1　188㎝³

2　288㎝³

3　388㎝³

4　576㎝³

5　864㎝³

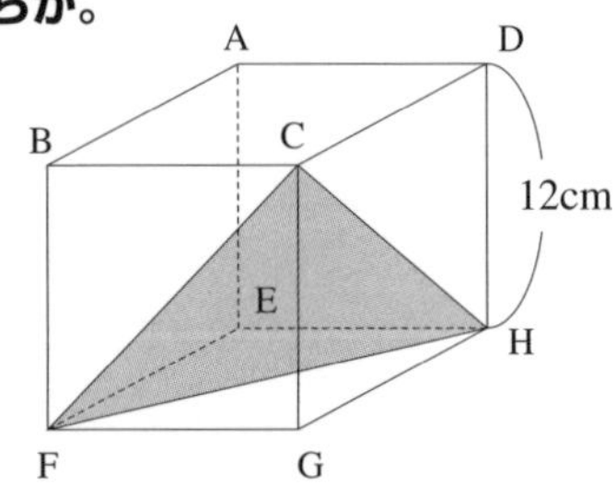

16 **右図の斜線部分の面積はいくらか。**

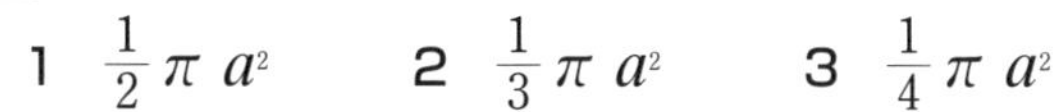

1 $\frac{1}{2}\pi a^2$　　2 $\frac{1}{3}\pi a^2$　　3 $\frac{1}{4}\pi a^2$

4 $\frac{1}{5}\pi a^2$　　5 $\frac{1}{6}\pi a^2$

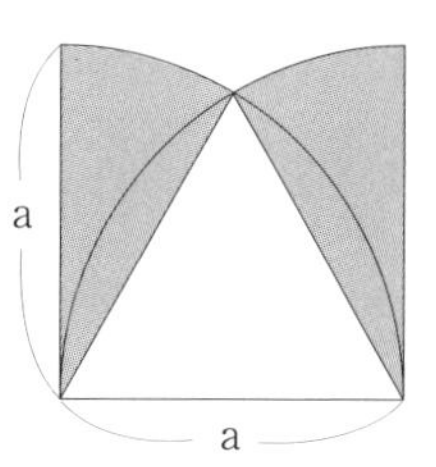

よく出る

17 **$\sin\theta+\cos\theta=\frac{1}{3}$のとき、$\sin\theta\cos\theta$の値はいくらか。**

1 $\frac{2}{3}$　　2 $\frac{4}{9}$　　3 $-\frac{4}{9}$　　4 $-\frac{2}{3}$　　5 $-\frac{8}{9}$

解答 **12** 4　**13** 3　**14** 3　**15** 2　**16** 5　**17** 3

解説

12 1. $x^2<y^2\Leftrightarrow x<y$であり、$x^3<y^3\Leftrightarrow x<y$であるから、$x^2<y^2$であっても$x^3<y^3$とは限らない。2. $x=0$とすると$x^2+x-3<0$になる。3. 反例$\sqrt{2}\sqrt{3}\sqrt{6}=6$　5. $p=2$（偶数）。

13 $\mathrm{A}=\frac{1}{2}$、$\mathrm{B}=a$、$\mathrm{C}=b$、$\mathrm{D}=2ab$、$\mathrm{E}=a^2+b^2$とおく。$0<a<b$、$a+b=1$であるので、任意の1組の値、たとえば$a=\frac{1}{3}$、$b=\frac{2}{3}$を各式に代入してみると、$\mathrm{A}=\frac{1}{2}$、$\mathrm{B}=\frac{1}{3}$、$\mathrm{C}=\frac{2}{3}$、$\mathrm{D}=\frac{4}{9}$、$\mathrm{E}=\frac{5}{9}$となる。よって、$\mathrm{B}<\mathrm{D}<\mathrm{A}<\mathrm{E}<\mathrm{C}$となる。

14 直角をはさむ2辺の長さを$x$cm、$y$cmとし、三平方の定理により斜辺の長さが$\sqrt{x^2+y^2}$cmとなる。また、斜辺の長さは$(40-x-y)$cmである。したがって、$(40-x-y)=\sqrt{x^2+y^2}$、$\frac{xy}{2}=60$を解くと、xは8または15、yは15または8となる。斜辺は$40-(8+15)=17$

15 三角錐C－FGHの底面を△FGHとすると、体積はCG×△FGH×$\frac{1}{3}$になる。したがって、$12\times\frac{1}{2}\times12\times12\times\frac{1}{3}=288$となる。

17 $\sin\theta+\cos\theta=\frac{1}{3}$の両辺を2乗すると、$\sin^2\theta+2\sin\theta\cos\theta+\cos^2\theta=\frac{1}{9}$
三角関数の性質$\sin^2\theta+\cos^2\theta=1$より、$2\sin\theta\cos\theta=\frac{1}{9}-1=-\frac{8}{9}$
よって、$\sin\theta\cos\theta=-\frac{4}{9}$となる。

18 **θが鈍角で$\sin\theta=\frac{\sqrt{2}}{3}$のとき、$\tan\theta$の値はいくつか。**

1 $\tan\theta=-\frac{\sqrt{14}}{7}$　2 $\tan\theta=\frac{\sqrt{14}}{7}$　3 $\tan\theta=-\frac{\sqrt{15}}{7}$

4 $\tan\theta=\frac{\sqrt{15}}{7}$　5 $\tan\theta=\frac{\sqrt{13}}{5}$

確率・文章題・その他

19 **A、B、Cの3人がジャンケンを1回する。Aだけ勝つ確率はいくらか。**

1 $\frac{1}{3}$　2 $\frac{1}{7}$　3 $\frac{1}{9}$　4 $\frac{1}{18}$　5 $\frac{1}{27}$

20 **A～Eの5人が輪になって手をつないだとき、5人の並び方は何通りあるか。**

1 20通り　2 24通り　3 30通り　4 60通り　5 120通り

21 **AとBの2人で働けばある日数で完成する仕事がある。その仕事をAだけで行えば18日遅れ、Bだけで行うと32日遅れる。では、Bだけでその仕事を完成するには何日かかるか。**

1 72日　2 40日　3 65日　4 56日　5 96日

よく出る

22 **世帯数が120のマンションで新聞購読の調査を行ったところ、A新聞を購読している世帯数は55、B新聞を購読している世帯数は72であった。このことから、AとBの両紙を購読している世帯数を求めよ。ただし、すべての世帯は少なくともどちらかの新聞を購読しているものとする。**

1 5世帯　2 7世帯　3 12世帯　4 15世帯　5 18世帯

23 **修学旅行の部屋割で1室を5人にすると6人が部屋に入れず、1室を7人にすると最後の1室だけ7人に足りない。生徒数は何人か。**

1 26人または31人または36人　2 27人または33人または38人

3 29人または35人または39人　4 28人または34人または40人

5 28人または35人または39人

よく出る

24 甲はＡ地点からＢ地点までサイクリングするのに、Ａ地点から20㎞行ったあとに、速さを今までよりも毎時1㎞速くしたので、予定より20分早く着いた。もし、はじめから毎時1㎞速い速度で行けば、予定より１時間早く着くという。Ａ、Ｂ間の距離とはじめの速さはいくらか。

1　Ａ、Ｂ間の距離は45㎞、はじめの速さは 6㎞／時
2　Ａ、Ｂ間の距離は30㎞、はじめの速さは 5㎞／時
3　Ａ、Ｂ間の距離は55㎞、はじめの速さは 6㎞／時
4　Ａ、Ｂ間の距離は60㎞、はじめの速さは 8㎞／時
5　Ａ、Ｂ間の距離は75㎞、はじめの速さは10㎞／時

解答　18 1　19 3　20 2　21 4　22 2　23 1　24 2

解説

19 3人のジャンケンの出し方は、$3^3=27$通りである。Ａだけ勝つパターンは、「Ａグー、Ｂ・Ｃチョキ」「Ａチョキ、Ｂ・Ｃパー」「Ａパー、Ｂ・Ｃグー」の3通りしかないので、求める確率は $\frac{3}{27}=\frac{1}{9}$ となる。

21 ＡとＢ、それぞれ1人で仕事が完成するのにかかる日数をx日、y日とし、2人が協力してかかる日数をa日と考える。
$a\left(\frac{1}{x}+\frac{1}{y}\right)=1$…ア、$x=a+18$…イ、$y=a+32$…ウとする。
イとウをアに代入して、$\frac{a}{a+18}+\frac{a}{a+32}=1$
よって$a^2=576$　$a>0$より、$a=24$、したがって$y=56$になる。

22 ＡとＢの両紙を購読している世帯数をxとする。Ａ新聞のみの購読世帯数は$(55-x)$、Ｂ新聞のみの購読世帯数は$(72-x)$となる。全体の世帯数は120なので、$120=(55-x)+x+(72-x)$となる。これを解くと$x=7$

23 室数をx室、生徒数をy人とする。$y=5x+6$…ア、$7(x-1)\leqq y<7x$…イ
$7(x-1)\leqq 5x+6<7x$　よって$3<x\leqq 6.5$　xは自然数なので$x=4$、5、6となり、アにそれぞれ代入すると、$y=26$、31、36となる。

24 Ａ、Ｂ間の距離をx㎞、はじめの速さをy㎞／時とする。
$\frac{20}{y}+\frac{x-20}{y+1}=\frac{x}{y}-\frac{1}{3}$ …ア、$\frac{x}{y+1}=\frac{x}{y}-1$…イ
ア−イより、$\frac{20}{y}-\frac{20}{y+1}=\frac{2}{3}$　したがって、$y^2+y-30=0$
$y=5$、-6となるが、-6は適さないので5をイに代入して$x=30$

重要ポイント

国語

▼四字熟語

一陽来復（いちようらいふく）	運が向いてくること。春が来ること。
慇懃無礼（いんぎんぶれい）	うわべは丁寧であるが心中では相手を見下げている。
海千山千（うみせんやません）	一筋縄では扱えないしたたかな者。
円転滑脱（えんてんかつだつ）	変化に順応して巧みに物事を処理すること。
偕老同穴（かいろうどうけつ）	夫婦ともに老い、ともに同じ墓穴に葬られるの意で、夫婦が円満に添いとげること。
臥薪嘗胆（がしんしょうたん）	あることを達成するためにいろいろな苦労に耐えて努力を積み重ねること。
画竜点睛（がりょうてんせい）	物事の最重要部分、最後の仕上げの部分。
疑心暗鬼（ぎしんあんき）	疑う心が強いと何でも恐ろしく思えること。また、相手を疑ってかかること。
玉石混淆（ぎょくせきこんこう）	価値のあるものとないものが混じりあっていること。
金科玉条（きんかぎょくじょう）	非常に大切な法律・規則のこと。
牽強付会（けんきょうふかい）	道理に合わなくても無理やりこじつけること。
捲土重来（けんどちょうらい）	一度失敗した者が、また勢いを盛り返すこと。
呉越同舟（ごえつどうしゅう）	仲の悪い者同士が一緒に行動すること。
故事来歴（こじらいれき）	伝来した物事のいわれと、その歴史。
針小棒大（しんしょうぼうだい）	物事を誇張して大げさにいうこと。
切歯扼腕（せっしやくわん）	非常にくやしがること。
沈思黙考（ちんしもっこう）	深く物事を考えること。
冬扇夏炉（とうせんかろ）	役に立たない不用の物。夏炉冬扇ともいう。
馬耳東風（ばじとうふう）	人の意見や批評などを聞き流すこと。

▼ことわざ

虻蜂とらず	2つの物を同時に欲しがっても、両方とも手に入れることはできないたとえ。
生馬の目を抜く	人一倍すばしこく抜け目のないこと。
お茶を濁す	その場をうまくいいつくろって、ごまかすこと。
鬼の霍乱	健康自慢の人が、突然病気にかかること。
火中の栗を拾う	他人の利益のため、あえて危険なことに取り組むこと。
辛酸を嘗める	人生上で、いろいろな苦しいこと、辛いことを体験すること。
水泡に帰す	長年積み重ねた努力が、無駄になってしまうこと。
青天の霹靂	思いもよらない大事件が起こること。突然の大変動。
高飛車	相手を見下して、高圧的な態度で接すること。
手塩に掛ける	そばにおいて自分で大切に育て上げること。
孟母三遷の教え	孟母の故事で、子供の教育には環境が重要という教え。
李下に冠を正さず	疑われるような行動はするなという戒め。

重要ポイント
数　学

▼数式

指数の法則

$a^m \times a^n = a^{m+n}$　　$(a^m)^n = a^{m \times n}$　　$(ab)^n = a^n b^n$

因数分解の基本公式

$ma + mb = m(a + b)$

$a^2 \pm 2ab + b^2 = (a \pm b)^2$

$a^2 + b^2 + c^2 + 2bc + 2ca + 2ab = (a+b+c)^2$

$a^2 - b^2 = (a + b)(a - b)$

$x^2 + (a + b)x + ab = (x + a)(x + b)$

$acx^2 + (ad + bc)x + bd = (ax + b)(cx + d)$

$a^3 \pm b^3 = (a \pm b)(a^2 \mp ab + b^2)$

▼方程式

2次方程式の解の判別

$ax^2 + bx + c = 0\ (a \neq 0)$の解は、判別式$D = b^2 - 4ac$の符号で、実数か虚数かが判別される。

$D > 0$であれば、異なる2つの実数解

$D = 0$であれば、重解（実数）

$D < 0$であれば、異なる2つの虚数解

2次方程式の解と係数の関係

$ax^2 + bx + c = 0$（$a \neq 0$）の2つの解をα，βとすれば$\alpha + \beta = -\frac{b}{a}$，$\alpha\beta = \frac{c}{a}$

▼関数とグラフ

1次関数 $y = ax + b$（$a \neq 0$）のグラフは直線で、bをy切片、aを傾きという。$a > 0$ならば右上がりの直線。$a < 0$ならば右下がりの直線。

2次関数 $y = ax^2$（$a \neq 0$）のグラフの頂点は（0,0）で、対象軸は$x = 0$の放物線。$a > 0$のとき下に凸の放物線。$a < 0$のとき上に凸の放物線。

2次関数の一般形 $y = ax^2 + bx + c$（$a \neq 0$）のグラフは、標準形になおすと、

$$y = a\left(x + \frac{b}{2a}\right)^2 - \frac{b^2 - 4ac}{4a}$$　となる。

頂点は$\left(-\frac{b}{2a}, -\frac{b^2 - 4ac}{4a}\right)$で、$x = -\frac{b}{2a}$を対称軸とした放物線。

2次関数の一般形 $y = ax^2 + bx + c$（$a \neq 0$）のグラフの最大、最小は、$a > 0$のとき、$x = -\frac{b}{2a}$で最小（最小値は$-\frac{b^2 - 4ac}{4a}$）$a > 0$のとき、$x = -\frac{b}{2a}$で最大（最大値は$-\frac{b^2 - 4ac}{4a}$）。

▼三角関数の相互関係

①$\tan\theta = \frac{\sin\theta}{\cos\theta}$　　$\cot\theta = \frac{\cos\theta}{\sin\theta}$

②$\sin^2\theta + \cos^2\theta = 1$　　$1 + \tan^2\theta = \sec^2\theta$　　$1 + \cot^2\theta = \mathrm{cosec}^2\theta$

Lesson 9 物理

物体の移動距離

1 ネズミを走らせたところ、グラフの実線のような動き方をした。このネズミが走った距離はいくらか。

1 25m
2 30m
3 35m
4 45m
5 50m

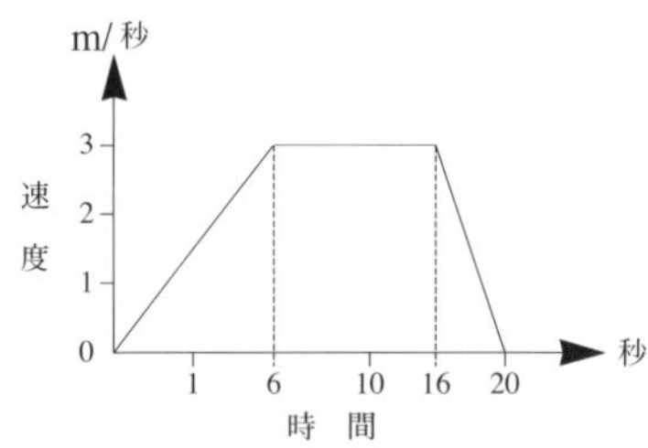

静止摩擦係数

よく出る

2 下図のように、斜面上に1kgの物体Aをのせ、斜面角度を徐々に大きくしていった。斜面角度が30°になったときに物体Aは滑りはじめた。物体Aと斜面との静止摩擦係数（μ）はいくらか。

1 $\mu=0.58$
2 $\mu=0.66$
3 $\mu=0.73$
4 $\mu=0.81$
5 $\mu=0.90$

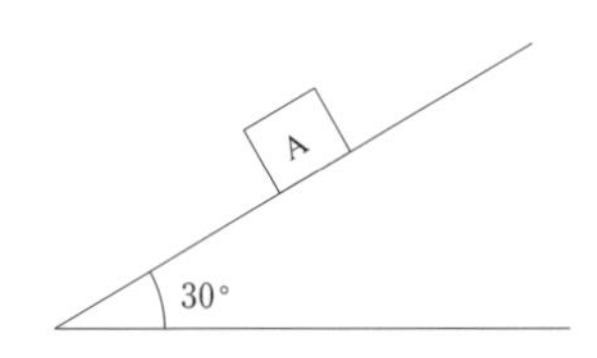

3 "圧力が一定のとき、気体の体積は絶対温度に比例する" は、次のどの法則か。

1 クーロンの法則
2 シャルルの法則
3 ケプラーの法則
4 ジュールの法則
5 ベルヌーイの法則

単位説明

4 単位とその説明として正しいものは、次のどれか。

1　光年 ⇒ 天文学の距離単位。光が１年間に達する距離をいい、１光年は9億4605kmである。

2　ヘルツ ⇒ 振動数の単位。１分間の振動数を表す。

3　ジュール ⇒ エネルギー（仕事、熱量）の単位。１ジュールは、１ニュートンの力を加えながら10ｍ移動させた際の仕事にあたる。

4　海里 ⇒ 航海、航空上の距離単位。１国際海里は1852ｍである。

5　ルクス ⇒ 照度の単位。１ルクスは光度１カンデラの点光源を半径2ｍの球の中心に置いたとき、その球の内面の照度をいう。

5 地震に関する記述として正しいものは、次のどれか。

1　震源の真上の地表の１点を本震地という。

2　深発地震とは地下1000km以下で起こる地震である。

3　地震波は地球という弾性体を伝わる弾性波で、横波（Ｐ波）と縦波（Ｓ波）の２種類がある。

4　誘発地震は主震のあとの地震をいい、数時間から数カ月間続くことがある。

5　初期微動継続時間は、震源から遠いほど長くなる。

解答　1 4　2 1　3 2　4 4　5 5

解説

1　v-tグラフでは、グラフの面積が移動距離。$(20+10)\times 3\times\frac{1}{2}=45$(m)

2　斜面角度(傾角)が30°になって滑りはじめたのだから、30°が物体Aの最大静止摩擦力(F)である。最大静止摩擦力(F)と斜面の抗力(N)、物体Aと斜面との間の静止摩擦係数(μ)の関係は、$F=\mu N$である。物体の重さをmとすると $F=m\sin\theta$、$N=m\cos\theta$ より $m\sin\theta=\mu m\cos\theta$　$\theta=30°$ より $\frac{1}{2}=\frac{\sqrt{3}}{2}\mu$、よって$\mu=0.58$となる。

4　1. 1光年は9兆4605億km。2. ヘルツは1秒間の振動数。3. ジュールは1ニュートンの力を加えながら1m移動させた際の仕事量。5. 1ルクスは光度1カンデラの点光源を半径1mの球の中心に置いたとき、その球の内面の照度。

単位・性質

6 単位とその説明として正しいものは、次のどれか。

1 rad（ラジアン）⇒ 物質を構成する原子や分子などの要素粒子の数で表す物質量の単位。

2 Gal（ガル）⇒ 素粒子、原子、分子などの質量を表す単位。

3 Gy（グレイ）⇒ 電離放射線に照射された物体が単位質量あたりに受け取るエネルギーを表す単位。

4 T（テスラ）⇒ 電磁誘導起電力と電力の時間的変化の比を表す単位。

5 J（ジュール）⇒ 単位時間内になされる仕事の単位。

7 光波の性質に関する記述として正しいものは、次のどれか。

1 光は電磁波であり真空中でも伝わるが、真空中の光速は光の色（振動数）によって違う。

2 媒質中の光速は真空中より遅くなり、光の色によって若干異なる。

3 屈折率の大きい媒質中の光源は、屈折のため実際の位置よりも後方にあるように見える。

4 屈折率の大きい媒質から屈折率の小さい媒質に進むとき、屈折角が120°になるときの入射角 θ を臨界角という。

5 偏光とは、全方向に振動する光をいう。

運動と力

8 鉛直方向に5G（重力加速度の5倍）の加速度で上昇した宇宙船内部では、質量50kgの人の体重は何kgwになるか。

1 250kgw　2 300kgw　3 360kgw　4 420kgw　5 480kgw

9 1960m上空を水平に飛んでいる飛行機が、A地点で物体を落下させた。物体は何秒後に地上に落ちるか。ただし、重力加速度を9.8m／s^2、地面は水平であるとする。

1 12秒後　2 15秒後　3 20秒後　4 23秒後　5 25秒後

よく出る

10 初速12.6m／sで鉛直に打ち上げられたボールの最高点の高さは何mか。ただし、重力加速度は9.8m／s^2、空気抵抗は無視する。

1　8.1m　2　9.6m　3　10.2m　4　11.3m　5　12.6m

11 次の記述は主要な原理と法則であるが、正しいものはどれか。

1　アボガドロの法則 ⇒ 3つの法則からなり、第1の法則は慣性の法則、第2の法則は加速度の法則、第3の法則は作用・反作用の法則である。

2　アルキメデスの原理 ⇒ 同温･同圧にある同体積の気体は同数の分子を含む。

3　エネルギー保存の法則 ⇒ 2つの物体間にはたらく万有引力は、両方の物体の質量の積に比例し、物体間の距離の2乗に反比例する。

4　オームの法則 ⇒ 導体を流れる電流の強さは、その両端における電位差に比例し、抵抗に反比例する。

5　気体反応の法則 ⇒ 閉じ込められた液体や気体の一部に圧力をかけると、圧力はその単位面積あたりの力の強さを変えず、各部に平等に伝わる。

解答　6 3　7 2　8 2　9 3　10 1　11 4

解説

7 1. 光速は光の色(振動数)に関係なく一定。真空中では3.00×10^8m/s。3. 実際の位置よりも手前にみえる。4. 臨界角とは、屈折率の大きい媒質から屈折率の小さい媒質に進むとき、屈折角が90°になるときの入射角θ。臨界角以上の入射角の光はすべて反射する(全反射)。5. 偏光とは、特定方向のみに振動する光。

8 宇宙船内部では、鉛直下向きに5gの慣性力がはたらくので、w＝50×(1g＋5g)となる。これを重力単位にすると、50×6(g)＝300kgwとなる。

9 物体Aは鉛直方向に自由落下運動をするので、計算式は$y=\frac{1}{2}gt^2$となる。$y=1960$、$g=9.8$を代入すると$1960=\frac{1}{2}\times 9.8t^2$、よって$t=20$となる。

10 最高地点に到達すると速度は0になる。打ち上げから最高地点までの到達時間をt、最高地点をhとすると、$0=v_0-gt$、$h=v_0t-\frac{1}{2}gt^2$となる。これを解くと、$h=\frac{12.6^2}{2\times 9.8}=8.1$となる。

11 正しくは、1. エネルギー保存の法則、2. アボガドロの法則、3. 万有引力の法則、5. パスカルの法則。

弾　性

12 **あるバネに50gのおもりを吊したところ、バネ全体の長さが32cmになった。また、70gのおもりを吊したところ、バネ全体の長さは34cmとなった。このバネの自然の長さ（バネにおもりを吊さないときの長さ）と、1g重あたりのバネの伸びは、それぞれいくらか。ただし、バネの重さは無視する。**

1　自然の長さ＝25cm　　1g重あたりのバネの伸び＝0.2cm
2　自然の長さ＝26cm　　1g重あたりのバネの伸び＝0.3cm
3　自然の長さ＝27cm　　1g重あたりのバネの伸び＝0.1cm
4　自然の長さ＝28cm　　1g重あたりのバネの伸び＝0.4cm
5　自然の長さ＝29cm　　1g重あたりのバネの伸び＝0.5cm

よく出る

13 **フックの法則に関する記述として正しいものは、次のどれか。**

1　運動する物体で、物体系内で衝突・分裂・結合等が起きても、外力がはたらいていない場合には、運動量の総和は一定に保たれる。
2　2つの物体がお互いに力を及ぼし合うときには、その作用と反作用とは一直線上に沿ってはたらき、2つの物体の力は常に同じ大きさで反対方向に力を及ぼす。
3　静止または直線運動している物体は、外力がはたらかない限りその状態を維持する。
4　弾性をもつ物体に力を加えて変形する場合は、力が限界内である限り変形の大きさは加えられた力の大きさに比例する。
5　物体の運動の変化は、物体にはたらく外力の方向に起こり、その大きさは外力の大きさに比例し、質量に反比例する加速度が加わる。

14 **物理量の定数として正しいものは、次のどれか。**

1　重力加速度（標準）＝9.18m／s^2
2　地球の質量＝5.97×10^{30}kg
3　絶対零度＝0 K＝－237℃
4　太陽の質量＝2.99×10^{24}kg
5　1気圧(摂氏0℃)中での音速＝331.5m／s

力の釣合い

15 下図のように、重さ50kgの物体Aを1つの動滑車と1つの定滑車で吊り下げるとき、Bに加える力は何kg重になるか。ただし、滑車の重さは無視する。

1 12.5kg重
2 15kg重
3 22.5kg重
4 25kg重
5 27.5kg重

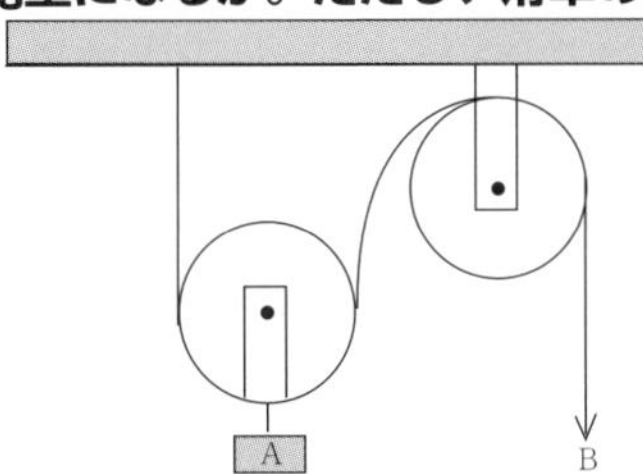

16 次の記述は力の図示に関するものであるが、（　）に入る語の組合せとして、正しいものはどれか。

力は（ア）と（イ）の2つの量をもっているが、これを（ウ）という。（ウ）は矢印を使って表す。矢印の長さを（エ）といい、矢印の始まり（力が物体にはたらく場所）を（オ）という。

	ア	イ	ウ	エ	オ
1	大きさ	向き	ベクトル	力の大きさ	作用点
2	強弱	重力	第3法則	力の向き	作用線
3	大小	重力	ベクトル	力の大きさ	作用線
4	作用	反作用	第3法則	力の大きさ	作用点
5	作用	反発	ベクトル	力の向き	作用点

解答 12 3　13 4　14 5　15 4　16 1

解説

12 このバネの自然の長さをx、1g重あたりのバネの伸びをyとすると、$x+50y=32$…ア、$x+70y=34$…イ　アとイを解くと、$x=27$、$y=0.1$。

13 1. 運動量保存の法則。2. ニュートンの運動の3法則のうちの、第3法則(作用・反作用の法則)。3. 同じく第1法則(慣性の法則)。5. 同じく第2法則(運動の法則)。

14 1. $9.81m／s^2$。2. 5.97×10^{24}kg。3. -273℃。4. 1.99×10^{30}kg。

15 動滑車1個につき力は半分になる。物体の重さをWとすると、$F=\frac{W}{2}$　F＝25。

仕事と熱

17 質量600gの銅製の容器がある。この容器の熱容量は、次のどれか。さらに、同容器に300gの水を入れて温度を45℃上昇させるには、何cal必要か。ただし、銅の比熱は0.092cal／g・kとする。

1 熱容量＝52.5cal／K　熱量＝1.5×10^4cal
2 熱容量＝55.2cal／K　熱量＝1.6×10^4cal
3 熱容量＝57.5cal／K　熱量＝1.7×10^4cal
4 熱容量＝58.9cal／K　熱量＝1.8×10^4cal
5 熱容量＝59cal／K　熱量＝1.9×10^4cal

18 水面上に静止している質量0.30kgの球Aに、質量0.60kgの球Bが30m／sの速さで衝突し、衝突後は一体となって運動した。衝突後、球Aと球Bが一体となったときの運動エネルギーはいくらか。

1 180 J　2 200 J　3 210 J　4 215 J　5 225 J

波　動

19 音波が大気中から水中に進むとき、水中での音速はいくらか。ただし、空気に対する水の屈折率を0.30とし、空気中の音速を330m／sとする。

1 1000m／s　2 1050m／s　3 1080m／s　4 1090m／s　5 1100m／s

よく出る

20 ドップラー効果に関する記述として正しいものは、次のどれか。

1 音のように空気を媒質にするときに起こる現象で、光では起こらない。
2 音源で発生した波の振幅の大きさが、観測者が受け取るときの振幅の大きさと異なることによって起こる。
3 観測者が静止して、音源が動くときに耳に入る音の波面の速さは、音源の動きにつれて変わる。
4 音源と観測者が相対的に近づくとき、振動数の増した高い音として聞こえ、遠ざかるときには低い音として聞こえる。
5 音源の発生する波長の長短によって起こったり、起こらなかったりする現象であり、人間の聴覚でとらえられる範囲の波長で観測される。

電流・回路

21 図のような回路の合成抵抗と、はたらく電力の値は次のどれか。ただし、電池の起電力Ｅは100Ｖ、抵抗Ｒは30Ωとする。

1　合成抵抗＝30Ω　電力＝200Ｗ
2　合成抵抗＝35Ω　電力＝220Ｗ
3　合成抵抗＝40Ω　電力＝250Ｗ
4　合成抵抗＝45Ω　電力＝280Ｗ
5　合成抵抗＝50Ω　電力＝300Ｗ

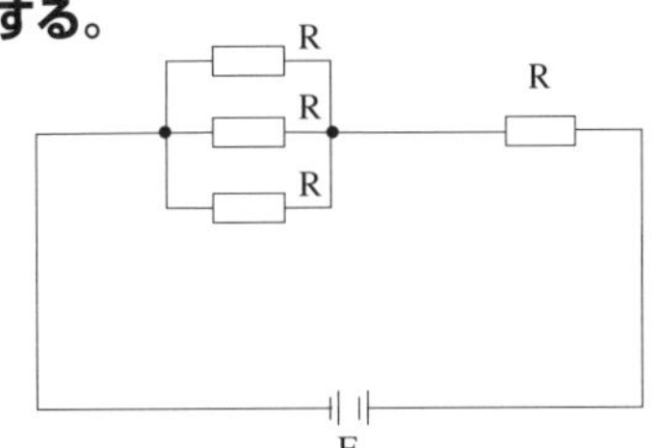

解答　17 2　18 1　19 5　20 4　21 3

解説

17 熱容量とは、物体の温度を1°Ｃ上げるのに要する熱量のこと。これは$C=mc$（熱容量C [cal/k]、質量m[g]、比熱c[cal/g・K]）で求められるので、$C=0.092\times600=55.2$cal／K　また、温度を45℃上昇させるための熱量をQとすると、$Q=(300+55.2)\times45=15984\fallingdotseq1.6\times10^4$calとなる。

18 運動量の保存法則から、衝突後の速さをvとすると、$0.6\times30=(0.6+0.3)\times v$ よって$v=20$m／s　運動エネルギーをKとすると、
$K=\frac{1}{2}\times(0.6+0.3)\times20^2=180$(J)

19 空気に対する水の屈折率をnaωとする。naωは空気中の音速vaと水中の音速vωの比で表され、$na\omega=\frac{va}{v\omega}$となる。したがって、
$v\omega=\frac{va}{na\omega}=\frac{330}{0.30}=1100$となる。

20 1. 媒質に無関係であり、光でもドップラー効果は起こる。2. 波の振幅とは無関係。3. 音の波面の速さ（音速）は音源の動きとは無関係。5. 音源の発生する波長の長短とは無関係であり、人間の聴覚とも無関係。

21 並列に接続されている3つの抵抗の合成抵抗をR′とすると、$\frac{1}{R'}=\frac{1}{R}+\frac{1}{R}+\frac{1}{R}=\frac{3}{R}$したがって、$R'=\frac{R}{3}$　　よって回路全体の合成抵抗rは、
$r=\frac{R}{3}+R=\frac{4}{3}R=\frac{4}{3}\times30=40\,\Omega$　電力Pは、$P=IE$である。
オームの法則から、$I=E/R$なので、$P=\frac{E}{R}\times E=\frac{E^2}{R}=\frac{100^2}{40}=250$Ｗ

重要ポイント
物　理

▼主要法則と方程式

ニュートンの運動3法則

①**運動の第1法則（慣性の法則）**…物体にはたらく力の合力が0のとき、静止している物体は静止を続け、運動している物体は等速直線運動を続ける。

②**運動の第2法則（運動の法則）**…物体が運動状態を変えるときには力が必要。

〈力と加速度の関係〉　合力の向きに加速度を生じさせ、その加速度は力に比例する。

〈質量と加速度の関係〉　質量の大きい物体ほど慣性が大きく運動状態を変えにくい。したがって、加速度は質量に反比例する。

③**運動の第3法則（作用・反作用の法則）**…2つの物体A、B間でAがBに力を及ぼせば、BもまたAに大きさが等しく逆向きの力を及ぼす。力は物体間の相互作用であり、作用があれば必ず反作用がある。〈注〉作用と反作用がつり合うことはない。

運動量保存の法則

1つの物体系の中で、物体同士が互いに力を及ぼし合って速度が変化しても、物体系の外力がはたらかない限り、それらの物体の運動量の総和は一定に保たれる。

仕　事

仕事(W)＝(移動方向の力の成分)×(移動距離)＝$F s \cos\theta$

Nやmgのする仕事は0、Fの仕事も0、Fの力のFだけが仕事をする。

$\theta = 90°$のとき　$W = 0$（移動方向に垂直にはたらく力のする仕事は0）

$90° > \theta \geqq 0°$　$W > 0$　　$180° \geqq \theta > 90°$（移動方向と逆向きにはたらく力のする仕事は負）

ii単位→1N・m＝1J　　1kgw・m＝9.8J

仕事率

仕事率(P)＝(単位時間にする仕事)＝$\frac{W}{t}$　$P = \frac{W}{t} = \frac{F s \cos\theta}{t} = F \cdot \frac{s}{t} \cos\theta = Fv \cos\theta$

単位→1J/s＝1W　　1kgw・m/s＝9.8W

重力による位置エネルギー

質量mの物体が基準面から高さhにあるとき、位置エネルギーUは、$U = mgh$

弾性力による位置エネルギー（弾性エネルギー）

弾性定数kのばねやゴムを、xだけ変形（伸び、縮み）したとき、弾性エネルギーは、

$U = \frac{1}{2}kx^2$

運動エネルギー

質量mの物体が速度vで運動しているとき、運動エネルギーKは　$K = \frac{1}{2}mv^2$

力学的エネルギー保存の法則

保存力（重力、ばねの力、静電気力など）だけがはたらく力学的エネルギーは保存される。

(位置エネルギーU)＋(運動エネルギーK)－一定

重力による運動　$mgh + \frac{1}{2}mv^2 =$ 一定

ばねによる運動　$\frac{1}{2}kx^2 + \frac{1}{2}mv^2 =$ 一定

万有引力の法則

すべての物体は相互に引き合い、その大きさは2物体の質量の積に比例し、2物体間の距離の2乗に反比例する。　$F = G\frac{Mm}{r^2}$　（G：万有引力の定数　6.67×10^{-11} N m/kg^2）

質量M、半径Rの天体表面の重力の加速度をgとすると、　$W = mg = m(\frac{GM}{R^2})$

よって　$g = \frac{GM}{R^2}$　($GM = gR^2$)

ケプラーの法則

①**第1法則**…惑星は太陽を1つの焦点とする楕円運動を行う。

②**第2法則**…惑星と太陽を結ぶ線分が一定時間に描く面積は一定である。

③**第3法則**…惑星の公転周期の2乗は、楕円軌道の長半径の3乗に比例する。

比熱：1gの物質を1度(K)上げるのに必要な熱量。物質mgを⊿ｔｋ上げるのに必要な熱量Ｑcalは、$Q = cm \varDelta t$

熱保存の法則

いくつかの物体間だけで熱の移動があるとき、その物体系内の熱量は保存される。物体系内で、状態変化があるときは融解熱や気化熱なども含めて一方の失った熱量＝他方の得た熱量となる。

仕事と熱の関係

発生する熱量Q (cal) と仕事W (J) は、$Q = \frac{1}{J}W$　J (熱の仕事当量4.19 J /cal)

ドップラー効果

音源の音が相対速度によって観測者に異なった高さの音に聞こえる現象。①音源と観測者が相対的に近づくとき、振動数の増した高い音として聞こえる。②遠ざかるときには低い音として聞こえる。

波源の振動数を f0、観測する振動数を f 、音源から観測者に向かう方向を正として、音源の速度をu、観測者の速度をv、音速をcとすると、$f = \frac{c-v}{c-u}$ となる。

光の速度

光は電磁波であり真空中も伝わる。真空中の光速は光の色（振動数）に関係なく一定で $c = 3.00 \times 10^8$m/s。

クーロンの法則

同種類の電気は反発し、異種類の電気は吸引する。この2つの電荷間にはたらく電気力は、それぞれの電荷がもつ電気量の積に比例し、距離の2乗に反比例する。

キルヒホッフの法則

①**第1の法則**…回路網のどの交点でも、そこに流入する電流の和は、そこから流出する電流の和に等しい

②**第2の法則**…任意のひとまわりの回路について、起電力の代数和は、電圧降下の代数和に等しい

波の基本公式：原点の媒質が1回振動すると、1つの波形が送り出されていく。1回の振動に要する時間（周期）Tに、波長λだけ進むので、波の速さυは

$\upsilon = \frac{\lambda}{T}$　　振動数 $f = \frac{1}{T}$ $\upsilon = f\lambda$ で表される。

波の種類と性質

横　波　媒質の振動方向と波の進行方向が垂直、ずれの弾性で伝わる。液体や気体中では伝わらない。地震のS波。

縦　波　媒質の振動方向と波の進行方向が同じ、伸び縮みの弾性や体積の弾性で伝わる。疎と密の状態をくり返すので疎密波ともいう。音波、地震のP波。

表面波　媒質は円運動をし、表面を伝わる波。

Lesson 10 化学

構造と化学式

1 原子の構造に関する記述として正しいものは、次のどれか。

1 原子は原子核と電子（正電荷）からなる。
2 原子核は原子核と電子、陽子（負電荷）、中性子からなる。
3 原子番号は中性子の数に等しく、電子の数より常に多い。
4 質量数は、陽子の数と中性子の数を加えたものに等しい。
5 質量数が同じで原子番号が異なる原子は、同位体である。

2 電子殻のN殻には最大でいくつの電子が入るか。

1 8個　2 12個　3 18個　4 22個　5 32個

3 物質が燃焼したときの化学反応式は、$CH_4 + 2O_2 \rightarrow CO_2 + 2H_2O$である。その物質とは何か。

1 塩素ガス　2 水素ガス　3 エタノール
4 メタン　5 エタン

物質の基本

よく出る

4 次の物質を混合物と化合物に分けたとき、正しいものはどれか。

A ガソリン　B 空気　C 海水　D ドライアイス　E メタン

	混合物	化合物
1	A、B、C	D、E
2	B、C、E	A、D
3	D、C	A、B、E
4	A、E	B、C、D
5	D、E	A、B、C

5 次の記述は物質の分類に関するものであるが、（　）に入る語の組合せとして、正しいものはどれか。

物質は（ア）と、化学変化によらずに２種類以上の成分に分離される（イ）とに分類される。さらに（ア）は、同一元素からなる（ウ）と２種類以上の元素からなる（エ）とに分類される。

	ア	イ	ウ	エ
1	混合物	純物質	単体	不純物
2	不純物	純物質	混合物	単体
3	純物質	不純物	単体	化合物
4	純物質	混合物	単体	化合物
5	純物質	化合物	単体	混合物

解答 1 4　2 5　3 4　4 1　5 4

解説

1 1. 電子は負電荷である。2. 陽子は正電荷。3. 原子番号＝陽子数＝電子数である。5. 原子番号が同じで質量数が異なる原子どうしを同位体という。

2 内側から数えてn番目の殻には、$2n^2$個の電子が入る。殻は下図のように内側からK殻、L殻、M殻、N殻があり、外にいくほどエネルギーが大きくなる。

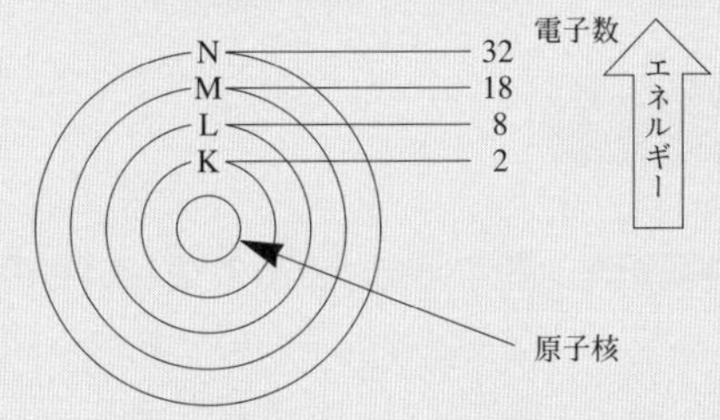

4 1. その他、混合物にはアマルガム、石炭ガス、石油、ブリキ、ステンレス、ハンダなど、化合物にはポリエチレン、水晶、塩化アンモニウムなど、単体には水銀、硫黄、ダイヤモンド、オゾンなどがある。

物質の状態変化

6 右図はある固体を50分間加熱し、その物質の温度と時間に関するグラフであるが、その説明として正しいものはどれか。

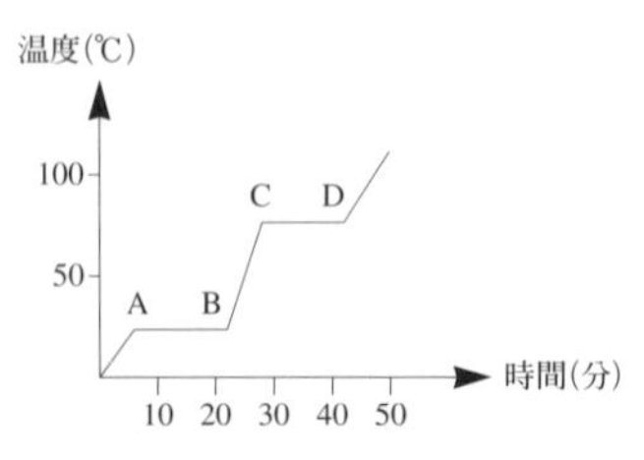

1　ＡＢ間の物質の状態は液体と固体の中間の状態である。

2　ＡＢ間の温度を沸点といい、融解熱により粒子は激しく自由に動く。

3　ＣＤ間での物質は液体と気体が共存した状態にある。

4　ＡＢ間に加えた熱量は気化熱という。

5　ＣＤ間の温度を融点といい、温度は一定である。

7 （　）に入る語の組合せとして正しいものは、次のどれか。

融点に達すると（ア）は（イ）により、（ア）から（ウ）への状態変化が起こる。さらに（ウ）は沸点に達すると（エ）により（ウ）から（オ）に状態変化が起こる。

	ア	イ	ウ	エ	オ
1	液体	気化熱	気体	融解熱	固体
2	固体	融解熱	液体	気化熱	気体
3	気体	融解熱	液体	気化熱	固体
4	液体	気化熱	固体	融解熱	気体
5	固体	気化熱	気体	融解熱	液体

元　素

よく出る

8 周期表中の典型元素に関する記述として正しいものは、次のどれか。

1　周期表では、元素は陽子の数に基づいて並べられている。

2　周期表の横に並ぶ元素は、族と呼ばれている。

3　族は似た性質をもつが、それは中性子の数が関係しているからである。

4　炭素C、酸素Oは同じ族に属し、ある共通した性質を示す。

5　同族元素であっても価電子数はすべて違う。

9 同素体に関する記述として正しいものは、次のどれか。

1 分子式は同じであるが、性質の異なる化合物をいう。

2 構成元素が同じで、性質が異なる単体をいう。

3 同じ元素で、異なる質量をもつ原子どうしが混合して構成される単体をいう。

4 赤鉄鉱と褐鉄鉱は同素体である。

5 $^{12}_{6}C$、$^{13}_{6}C$、$^{14}_{6}C$は同素体であり、Cは放射性同素体という。

量的関係

10 物質量に関する記述として正しいものは、次のどれか。

1 原子量⇒天然の各元素の平均絶対質量。炭素の同位体C原子の質量を12と決め、各元素の同位体の絶対質量とその存在比から求められた数値。

2 分子量⇒原子量と同基準で表した分子の平均相対質量。原子中の構成分子の分子量の総和で求められた数値。

3 式量⇒組成式またはイオン式の各原子の原子量の総和で求められた数値。

4 アボガドロ数⇒0℃、1気圧のもとで、12.4ℓの体積中に含まれる気体の分子数。

5 モル⇒アボガドロ数のイオンの集団。

解答 6 3　7 2　8 1　9 2　10 3

解説 8 **2.** 周期表の縦に並ぶ元素を族という。**3.** 族が似た性質をもつのは、最外殻の電子数（価電子数）が関係している。**4.** 炭素Cは14族、酸素Oは16族である。**5.** 典型元素では、1,2族、12族〜17族では同族元素は同じ価電子数をもっている。

10 **1.** 天然の各元素の平均相対質量。**2.** 分子中の構成原子の原子量の総和で求められた数値。**4.** 0℃、1気圧のもとで、22.4ℓの体積中に含まれる気体の分子数（6.02×10^{23}個）。**5.** アボガドロ数（6.02×10^{23}個）の粒子（原子、分子、イオン）の集団を1molという。

気　体

11 法則とそれを発見した化学者の組合せとして正しいものは、次のどれか。

ア　溶解度が少ない気体では、温度が一定のときには一定量の液体に溶ける気体の質量は、その気体の圧力に比例する。

イ　同温・同圧、同体積の気体はその種類に関係なく、同数の分子を含む。

ウ　温度が一定のとき、一定量の気体の体積は圧力に反比例する。

	ア	イ	ウ
1	ボイル	ヘンリー	アボガドロ
2	ヘンリー	アボガドロ	ボイル
3	ボイル	アボガドロ	ヘンリー
4	アボガドロ	ヘンリー	ボイル
5	ヘンリー	ボイル	アボガドロ

化学反応

12 0℃、1気圧で500mℓの酸素と化合するメタンは何gか。ただし、原子量はH＝1.00、C＝12.0とする。

1　0.170g　　2　0.175g　　3　0.179g　　4　0.185g　　5　0.190g

化学結合

13 結晶は構成する単位粒子の種類や結合のしかたによって、イオン結晶、金属結晶、分子結晶、共有結合の結晶などに分類されるが、その組合せとして正しいものは、次のどれか。

	分子結晶	金属結晶	イオン結晶	共有結合の結晶
1	塩化ナトリウム	ナトリウム	ナフタレン	ダイヤモンド
2	ナフタレン	グラファイト	ダイヤモンド	ナトリウム
3	塩化ナトリウム	硫黄	ダイヤモンド	ナトリウム
4	ナフタレン	ナトリウム	塩化ナトリウム	グラファイト
5	塩化ナトリウム	グラファイト	氷	硫黄

よく出る

14 原子の結合からみた物質に関する記述として正しいものは、次のどれか。

1　分子結晶は分子間力が強く、電気伝導性に優れている。

2　イオン結合による物質は固体では電気を通さないが、融解すると電気を通すようになる。

3　金属結合による物質は融点が低く、硬いものや軟らかいものがある。

4　共有結合による物質は、分子間力が弱いため融点が高い。

5　配位結合は、他の結合より結合が強い。

コロイド

15 コロイドに関する記述として正しいものは、次のどれか。

1　コロイド溶液に強い光を当てても、粒子の存在はわからない。

2　流動状態にあるコロイドをゲルといい、固まった状態にあるものをゾルという。

3　コロイド粒子の直径は、0.1～10μmである。

4　親水コロイドの粒子は、表面に電荷をもたない。

5　コロイドは溶質が液体の場合に限って存在する。

解答 11 2　12 3　13 4　14 2　15 3

解説 12 3. メタンの燃焼式は$CH_4+2O_2 \rightarrow CO_2+2H_2O$なので、0℃、1気圧で500mℓのOと化合するメタンCH_4は、$\frac{500}{2}=250$mℓである。250mℓは$\frac{0.250}{22.4}$[mol]となる。メタン1mol当たりの質量は、12＋1×4＝16.0［g］である。したがって、質量は16.0〔g/mol〕×$\frac{0.250}{22.4}=0.1786 \fallingdotseq 0.179$となる。

14 1. 分子間力が弱く電気伝導性はない。また、この結晶は軟らかくて透明なものが多い。3. 金属結合は一般に融点が高く、硬い。4. 分子結晶の融点は低い。5. 共有電子対の電子が、一方の原子からのみ提供されてできる共有結合で、結合の分解は比較的容易。

15 1. チンダル現象によって粒子の存在が確かめられる。2. 流動状態がゾル、固形状態がゲル。4. 電荷をもっており、正コロイドと負コロイドがある。5. 墨汁の炭素などの固体もある。

16 デンプンのコロイド溶液は少量の電解質を加えても沈殿しないが、多量の電解質を加えると沈殿する。この現象を何というか。

1　ブラウン現象　　2　チンダル現象　　3　電気泳動
4　塩析　　5　凝析

溶　液

17 60℃の水100gに対して硝酸カルシウムは120gまで溶ける。濃度20%の硝酸カルシウム水溶液200gにあと何gの硝酸カルシウムを溶かせるか。ただし、溶液の温度は60℃に保つものとする。

1　122g　　2　132g　　3　142g　　4　152g　　5　162g

18 pHの記述として正しいものは、次のどれか。

1　pH2.3の塩酸を水で10倍に薄めるとpH3になる。
2　pH2.5の酢酸水溶液を水で10倍に薄めるとpH3.5になる。
3　0.01mol／ℓの塩酸のpHは約2になる。
4　pH6の塩酸を水で100倍に薄めるとpH8になる。
5　pH12の水酸化ナトリウム水溶液を水で10倍に薄めるとpH13になる。

元素と化合物

19 次の記述はハロゲンに関するものであるが、（　）に入る語の組合せとして正しいものはどれか。

ハロゲン原子は最外殻電子を（ア）個もち、（イ）イオンになりやすく、また（ウ）結合によって（エ）原子分子からなる。

	ア	イ	ウ	エ
1	5個	2価の陽	イオン	3個
2	7個	1価の陰	共有	2個
3	9個	3価の陰	金属	4個
4	11個	2価の陽	イオン	3個
5	13個	4価の陽	金属	4個

20 **金属単体、あるいはそのイオンを白金線の先端に少量つけ、無色の炎の中に入れると金属特有の炎色が現れる。これを炎色反応というが、魚を焼いたときに現れる黄の炎色は、次のどの元素か。**

1 Li　2 Na　3 Ca　4 Ba　5 Cu

電気・電解

21 **次の記述はある電池に関するものであるが、その電池とはどれか。**

この電池は希硫酸に亜鉛板と銅板を浸したもので、両極板を導線でつなぐとイオン化傾向が大きい亜鉛が溶けだし、導線を伝わって電子が銅板側に流れ、銅板の表面で電子が水素イオンと結合して水素を発生する。この電池の起電力は1.1 Vであるが、電流を通すと分極のため電位が低下する。これを防ぐために、過酸化水素水などを加える。

1 ダニエル電池　2 鉛電池　3 乾電池
4 ボルタ電池　5 水素電池

解答 **16** 4　**17** 4　**18** 3　**19** 2　**20** 2　**21** 4

解説 **17** **4.** 60℃の水100gに対して硝酸カルシウムの溶解度は120gである。そのため、まず濃度20%の硝酸カルシウムの水溶液200g中の溶質と水の量を計算する。溶質は$200\times\frac{20}{100}=40$g　水は$200-40=160$g
ここから溶解度を利用した比例計算で求められる。求めるgをxとすると、
$100:120=160:x+40$　よって、$x=152$

18 **1.** pH2.3は$[H^+]=10^{-2.3}$mol／ℓ、これを10倍に薄めると$[H^+]=10^{-3.3}$mol／ℓでpH3.3。**2.** 電離度は濃度が小さいほど大きい。したがって、10倍に薄めると$[H^+]>10^{-3.5}$、よって、pH＜3.5。**4.** pH6の塩酸をどんなに薄めてもpH7以上にならない。**5.** $[OH^-]=\frac{Kw}{[H^+]}=\frac{10^{-14}}{10^{-12}}10^{-2}$mol／ℓ　10倍に薄めると$[OH^-]=10^{-3}$mol／ℓ　よって、$[H^+]=10^{-11}$となり、pH11

Lesson 11 生 物

細 胞

1 細胞の微細構造とはたらきに関する記述として妥当でないものは、次のどれか。

1　核膜 ⇒ 非常に薄い二重膜（単位膜）が2枚重なった膜で、核を包み込んでいる。核の中身を包んで保護する。

2　細胞膜 ⇒2本の線でできた二重膜構造をしている。膜を通って細胞の中に養分・栄養分が出入りする。

3　染色糸 ⇒ＤＮＡ分子が何本か集まって糸状につながっているが、切片では糸の切り口が点にみえる。仁のはたらきに必要な物質の交代を行う。

4　ゴルジ体 ⇒ 偏平な袋が重なった形。分泌物質の合成と貯蔵を行う。

5　核 ⇒ 仁、染色糸、核液、核膜からなる。細胞質の物質交代と遺伝を支配する。いわば、細胞の総司令部である。

よく出る

2 下図は動物と植物の細胞で、Ａ～Ｄは共通する部分である。正しい組合せはどれか。

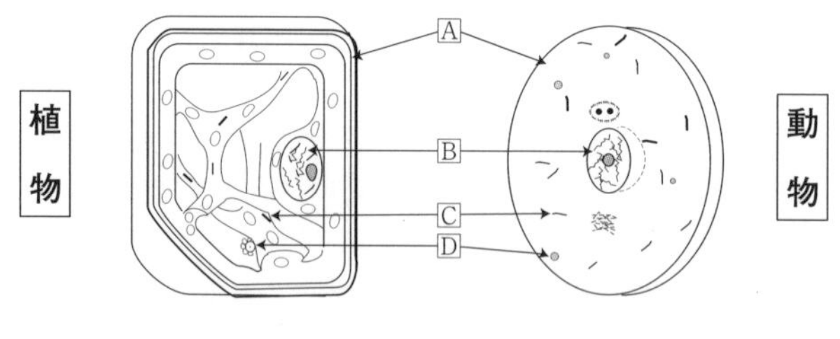

	A	B	C	D
1	細胞膜	核	ミトコンドリア	細胞含有物
2	中心体	核	ゴルジ体	細胞含有物
3	ゴルジ体	核	ミトコンドリア	細胞膜
4	細胞膜	核	中心体	細胞含有物
5	中心体	核	ミトコンドリア	細胞含有物

3 学者と研究内容の組合せとして、正しいものはどれか。

1　ローバート・フック → 赤血球や原生動物の細胞を発見
2　ローバート・ブラウン → 細胞の中の核を発見
3　シュライデン → 細胞説（動物）
4　シュワン → 細胞説（植物）
5　ヤンセン親子 → 眼鏡の発明

遺伝子

4 遺伝子の特性に関する記述として妥当ではないものは、次のどれか。

1　遺伝子は体細胞から体細胞へ、体細胞から生殖細胞へ、さらに生殖細胞から体細胞へと伝えられる。
2　受精卵の遺伝子には、受精卵が将来何になるかという情報がたくわえられている。
3　遺伝子には、自己とまったく同じものを複製（コピー）する能力が備わっている。
4　遺伝子には突然変異を起こす能力は備わっていない。
5　遺伝子には、刻まれているとおりの情報を次々に細胞質に伝達する能力が備わっている。

解答　1 3　2 1　3 2　4 4

解説　1 3. 染色糸のはたらきは、ＤＮＡ分子に刻まれている遺伝暗号をＲＮＡへ転写し、その伝令ＲＮＡを核膜孔から細胞質内のリボゾームに出し、タンパク質に指令することである。

3 1. ローバート・フックは細胞（コルク）の発見者である。3. シュライデンは「生物体をつくる基本単位は細胞であり、細胞は独立の生命を営む微小生物である」と、植物についての細胞説を唱えた。4. シュワンは「動物体の生きるはたらきは、細胞を単位として行われている」と、動物についての細胞説を唱えた。5. ヤンセン親子は顕微鏡を発明した。

4 4. 遺伝子には突然変異を起こす能力があり、親とは違う性質が出てくる可能性がある。生物が進化できたのは、突然変異によるところが大きい。

光合成

5 植物の光合成に関する記述として正しいものは、次のどれか。

1　光合成には明反応と暗反応があり、明反応は葉の表面で行われるのに対して、暗反応は葉の内部で行われる。

2　光合成は、光エネルギーと二酸化炭素のみによって行われる。また、光合成によって生産されるのは酸素とブドウ糖だけである。

3　光合成量は、光の強さ、二酸化炭素濃度、温度の3条件に大きく左右される。

4　光合成の明反応では二酸化炭素が還元されて、ブドウ糖がつくられる。

5　光合成はある要因が欠除すると、その反応は進行しなくなる。この要因を必須要因という。

動植物組織

6 植物組織に関する説明として正しいものは、次のどれか。

1　植物組織を分類すると、分裂組織と永久組織とに分かれる。表皮は分裂組織である。

2　柔組織は永久組織で細胞壁の薄い球形の細胞からなり、主に皮層と髄を形成している。

3　生長点は根と茎の先端にある永久組織であり、箱型の細胞からなり、この組織からつくられる組織を一次組織という。

4　形成層は生長点の細胞からできた分裂組織で、さらに分裂して一次組織をつくる。

5　厚角組織は、茎が肥大成長して形成層より外側の部分が押し広げられ、その部分が輪状に傷を受けた場合に発生する。

7 動物細胞の特徴に関する説明として妥当でないものは、次のどれか。

1　細胞壁はないが、細胞が分泌した細胞間物質（基質）が接着の役目を果たす。

2　分裂組織の区別がないので、神経以外の組織ではどこでも分裂が行われる。

3　組織をつくる細胞は高度に分化している。

4　組織をつくる分化した細胞は、お互いに集まり接着し合う性質をもつ。

5　組織をつくる細胞は、自分の仲間を見分けることができない。

ヒトの体

◎よく出る

8 次の記述はヒトの血液に関するものであるが、（　）に入る語の組合せとして、正しいものはどれか。

ヒトなどの脊椎動物の血液は、液体成分と（ア）からなる。さらに（ア）は（イ）、（ウ）、（エ）からなり、（イ）は骨髄でつくられる。

	ア	イ	ウ	エ
1	有形成分	赤血球	白血球	血小板
2	体液成分	白血球	赤血球	血小板
3	リンパ成分	血小板	白血球	赤血球
4	有形成分	血しょう	血小板	赤血球
5	リンパ成分	血しょう	赤血球	白血球

11 生物

解答 5 3　6 2　7 5　8 1

解説

5 1. 光合成は葉肉の細胞に存在する葉緑体で行われる。葉緑体にはラメラとストロマがあり、ラメラでは明反応が、ストロマでは暗反応が行われている。2. 光合成は光エネルギーと二酸化炭素と水によって行われ、酸素とブドウ糖のほかに水も生産する。4. 明反応ではなく、暗反応。
5. 光合成の不可欠要因という。

6 植物細胞は分裂組織（生長点、形成層、コルク形成層）と永久組織（表皮系、基本組織系、維管束系）に分類される。1. 表皮は永久組織。
3. 生長点は分裂組織。4. 分裂して二次組織をつくる。5. 細胞壁の角層だけ肥厚で、主に草木茎にある。

8 1. ヒトなどの脊椎動物の血液は、液体成分と有形成分からなる。その割合は液体成分が約55％、有形成分が約45％。有形成分には赤血球、白血球、血小板がある。赤血球は骨髄でつくられ肝臓と脾臓で破壊される（寿命は100～120日）。

よく出る

9 **ヒトの血液循環に関する記述として妥当でないものは、次のどれか。**

1　肺循環は、血液が右心室 → 肺動脈 → 肺（毛細血管）→ 肺静脈 → 左心房と循環する。

2　動脈は心臓から遠ざかる血管で、弾力性があって血流速度は速く、脈拍がある。

3　静脈は心臓へ近づく血管で、逆流を防ぐ弁があって血流速度が遅い。

4　心室が弛緩したときの血圧を最低血圧といい、その逆に心室が緊張したときの血圧を最高血圧という。

5　ヒトの循環系は、血管系とリンパ系、脾臓（ひ）で構成されている。

10 **リンパに関する記述として妥当でないものは、次のどれか。**

1　リンパは毛細血管の壁からしみ出した血しょうの成分で、組織の細胞の間を通ってリンパ管に入り、ふたたび血液に戻る。

2　リンパ節の組織をつくる細胞は、体内に侵入した細菌を食菌し、侵入を防ぐ。

3　リンパ管の各所に豆粒のようなリンパ節があり、首や腋の下、足のつけ根に多く集まっている。

4　リンパ球は骨髄、脾臓（ひ）、リンパ節でつくられ、抗体を生成して免疫を担当する。

5　ヒトのリンパ管には逆流を防ぐ弁があり、体の屈伸などの力でリンパ液が流れる仕組みになっている。こうした弁は魚類や両生類、爬虫類にもある。

よく出る

11 **次の記述から考えられる、甲氏・乙氏・丙氏の血液型の正しい組合せはどれか。**

甲氏の血液はほかの２人に輸血できる。乙氏の血液とＢ型の血液との適合検査をしたところ凝集が起こった。丙氏の血液はほかの２人には輸血できない。

	甲氏	乙氏	丙氏
1	Ｏ型	Ａ型	ＡＢ型
2	ＡＢ型	Ａ型	Ｏ型
3	Ｂ型	ＡＢ型	Ｏ型
4	ＡＢ型	Ｂ型	Ａ型
5	Ｏ型	ＡＢ型	Ｂ型

12 次の記述は免疫に関するものであるが、（　）に入る語の組合せとして、正しいものはどれか。

外から体内に侵入した非自己成分を（ア）という。（ア）が体内に侵入すると（イ）がこれを感じて（ウ）を血液中に出す。（ウ）は血清中の（エ）が主体となってつくられる。

	ア	イ	ウ	エ
1	抗体	赤血球	抗原	アミノ酸
2	抗原	リンパ球	抗体	たんぱく質
3	毒素	白血球	抗原	脂肪
4	病原菌	リンパ球	抗原	たんぱく質
5	ウイルス	リンパ球	抗体	たんぱく質

13 ワクチン療法には生菌ワクチンと死菌ワクチンがあるが、生菌ワクチンで予防できる病気は、次のどれか。

1　腸チフス　　2　天然痘　　3　ジフテリア
4　破傷風　　5　コレラ

解答　9 5　10 5　11 1　12 2　13 2

解説　10 5. 魚類や両生類、爬虫類にはリンパ心臓があり、圧送するので弁はない。

11 1. A型とA型、B型とB型、O型とO型のように同じ血液型であれば安全。しかし、A型の人にAB型やB型を輸血すると、赤血球の凝集が起こる。輸血の可能な方向は右図の通り。乙氏と丙氏に輸血できる甲氏はO型。B型の血液と凝集が起こった乙氏はA型。2人に輸血ができない丙氏は、B型とAB型が考えられるが、すでに決定している2人の血液型を考えると、AB型となる。

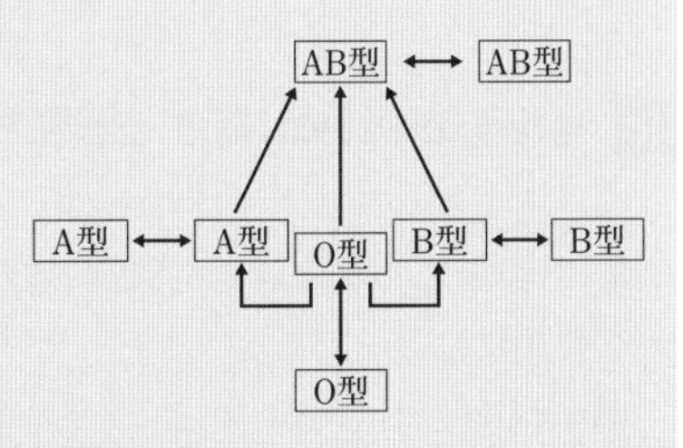

13 2. 生菌ワクチン療法では、BCG（結核）、天然痘、小児まひ（ソークワクチン）などが予防できる。死菌ワクチン療法では、腸チフス、パラチフス、赤痢、コレラなどが予防できる。

よく出る

14 ヒトの肝臓のはたらきに関する記述として正しいものは、次のどれか

1　小腸で吸収された各種のビタミン類の中で、ビタミンＢとＣは肝臓で貯蔵され、必要に応じて体の各細胞に運ばれる。

2　肝臓は小腸で吸収した単糖類をブドウ糖に変えて貯蔵し、血液中のグリコーゲンが減少すると、これをグリコーゲンに変えて血液中に出す。

3　肝臓では盛んな物質交代が行われていて、多くの熱が発生するので体温の保持に役立っている。

4　肝臓は余分な脂肪があると、それらを糖やアミノ酸に変えて皮下に送る。エネルギー源が減少すると、貯蔵してある糖やアミノ酸が肝臓に送られ、分解されてエネルギー源になる。

5　毒物や有害細菌によって生じた有毒物質が、腸から吸収されて肝臓に入ると、肝臓はこれらの有毒物質を尿素に変え、血液中に放出する。

よく出る

15 ヒトの脳のはたらきの説明として正しいものは、次のどれか。

1　大脳 ⇒嗅覚以外の各種感覚の中継および、内臓のはたらき・血圧・血糖・体温調節

2　間脳 ⇒思考や記憶、理解などの複雑な精神活動および、喜びや怒りなどの情動の中枢

3　中脳 ⇒眼球運動、瞳孔の拡大・縮小などの中枢

4　小脳 ⇒呼吸運動、血液循環の調節の中枢

5　延髄 ⇒筋肉運動の調節および、体の各部の平衡感覚の中枢

16 ホルモンの特徴に関する記述として正しいものは、次のどれか。

1　ホルモンは、すい臓を経由して体液（血液とリンパ）に出る。

2　成長ホルモンは、脳下垂体の前葉で分泌され、過剰につくられると巨人症になる。

3　甲状腺でつくられるホルモンをパラトルモンといい、欠乏するとテタニー（骨格筋の強直のけいれん）病になる。

4　ホルモンは作用するまでに長い時間がかかるが、微量でも強いはたらきをする。

5　ホルモンを注射すると抗体をつくるので、ワクチンと同様に各種の病気を予防することができる。

メンデルの法則

◎よく出る

17 赤色と白色のマルバアサガオを交配させたところ、雑種第1代（F1）ではすべて桃色になった。雑種第1代の自家受粉による雑種第2代（F2）では、赤色：白色：桃色の割合は、次のどれか。

	赤色		白色		桃色
1	1	:	1	:	2
2	2	:	1	:	1
3	1	:	1	:	1
4	2	:	2	:	2
5	2	:	2	:	1

解答 14 3　15 3　16 2　17 1

解説 14 肝臓のはたらきには、①炭水化物・脂肪・たんぱく質の交代と調節、②胆液の生成、③体温の発生、④解毒作用、⑤ビタミンの貯蔵、⑥血液の貯蔵、⑦尿素の合成などがある。1．ビタミンAとD。2．単糖類をグリコーゲンに変え、血液中のブドウ糖が減少するとブドウ糖に変えて血液中に出す。4．余分な糖やアミノ酸があると脂肪に変える。エネルギー源が減少すると、貯蔵脂肪が肝臓で分解されエネルギー源になる。5．有毒物質を酸化、還元、分解などの反応によって無毒化する。

15 1．大脳は思考や記憶、理解、推理、判断などの複雑な精神活動と、喜びや怒りなどの情動の中枢。2．間脳は嗅覚以外の各種感覚の中継および、内臓のはたらき・血圧・血糖・体温調節を行う。4．小脳は筋肉運動の調節および、体の各部の平衡感覚の中枢。5．延髄は呼吸、心臓の動き等の中枢。

16 2．ホルモン内分泌腺でつくられ、直接体液に出る。主な特徴は、微量で強いはたらきがある・即効的・抗体をつくらない、などである。

17 1．赤色遺伝子をＡＡ、白色遺伝子をaaとすると、Ｆ1ではＡa（桃色）となり、Ｆ2ではＡＡ（赤色）、aa（白色）、Ａa（桃色）が、1：1：2の割合になる。

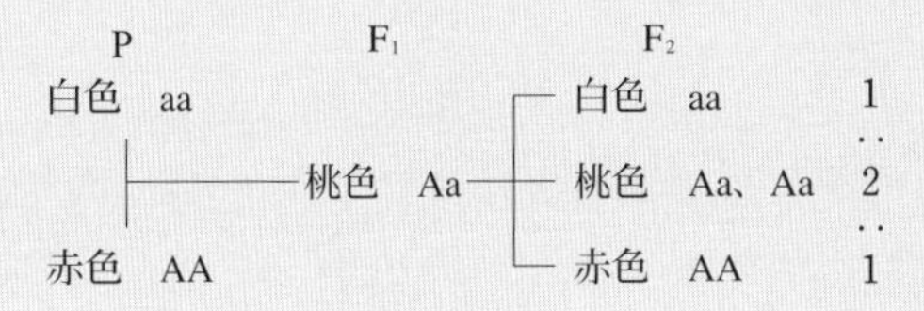

重要ポイント
化　学

▼化学の基本法則

質量保存の法則	反応の前後の質量は不変である。
定比例の法則	化合物の成分元素の質量比は一定である。
原子説（ドルトン）	物質を構成する最小粒子は原子であり、原子は分割できない。
倍数比例の法則	A、B 2種類の元素を含む化合物間で、Aの一定量と化合するBの質量比は整数比となる。
気体反応の法則	気体が相互に反応し、気体の化合物を生じるときには、互いに反応する気体と反応によって生じる気体の体積は、簡単な整数比が成り立つ。
アボガドロの法則	同温・同圧・同体積の気体は、気体の種類に関係なく同数の分子を含む。
分子説(アボガドロ)	原子説と気体反応説の法則の矛盾を解決するため、気体は原子が結合した分子からなる。

▼原子構造

原子番号	元素を決定する。 原子番号＝陽子数＝電子数。
質量数	陽子数＋中性子数。
同位体	原子番号が等しく、質量数が異なる。

原子
- 原子核
  - 陽子（正電荷）
  - 中性子
- 電子（負電荷）

▼化学式

組成式	物質の成分原子（イオン）の数を最も簡単な比で表す。
分子式	分子1個の中の成分原子の数を示す化学式。
電子式	原子間の結合を示すため、価電子を・点で表す。
構造式	原子間の結合を －（価標）で示した化学式。
示性式	特異な性質を示す原子団（官能基）を示した化学式。

▼気体の法則と方程式

ボイルの法則	温度（t）が一定のとき、一定量の気体の体積（υ）は圧力（P）に反比例する。　$P\upsilon = P'\upsilon'$　（t＝一定）
シャルルの法則	圧力が一定のとき、一定量の気体の体積は絶対温度（TK＝t℃＋273°）に比例する。$\frac{v}{T}=\frac{v'}{T}$（p＝一定）
ボイル・シャルルの法則	定量の気体の体積は圧力に反比例し、絶対温度に比例する。 $\frac{pv}{T}=\frac{p'v'}{T}$
ドルトンの圧力の法則	混合気体の圧力は、各成分気体の分圧の総和に等しい。 P＝P1＋P2＋……
気体の状態方程式	理想気体（分子の大きさ＝0、分子間力＝0）に成り立つ方程式。 $P\upsilon = \frac{T}{M}RT$（M＝分子量、R＝気体定数＝0.082）

重要ポイント

生　物

▼細胞の構造

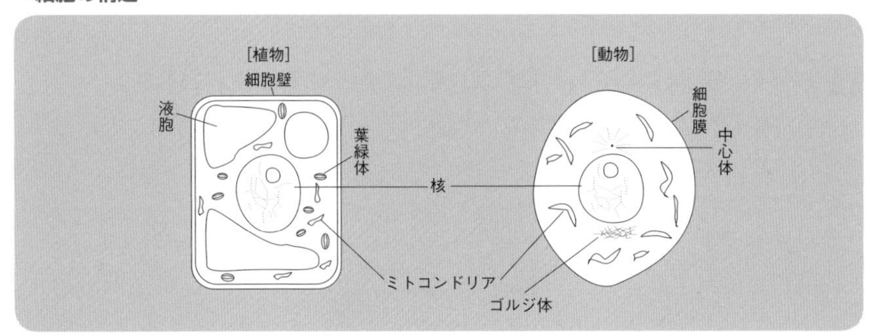

▼細胞のはたらき

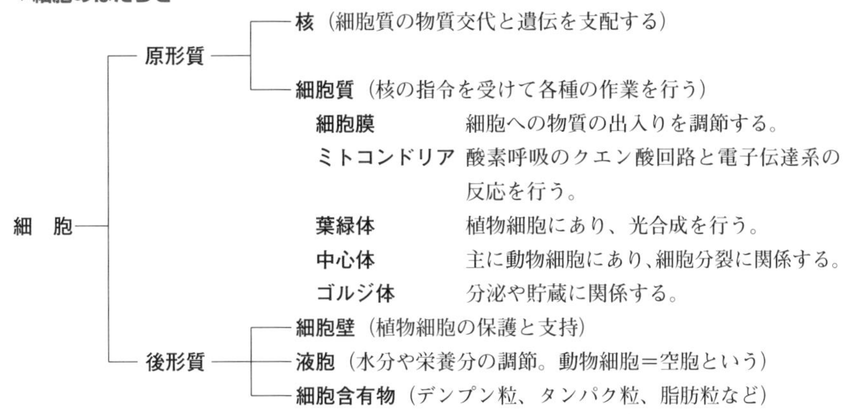

▼メンデルの法則

優性の法則	優性の親(TT)と劣勢の親(tt)を交雑すると、その子(F1：雑種第1世代)はTtの遺伝子型をもつが、劣勢のtはかくれて、優性のTのみが形質として現れる。
分離の法則	生殖細胞ができるとき、体細胞中に2つある遺伝子は分かれて別々の細胞に入る。この結果、F2（雑種第2世代）では優性・劣性の出現比が3：1になる。
独立の法則	2対以上の対立遺伝子があっても、生殖細胞ができるとき、各対の対立遺伝子の分離と再結合は独立、かつ自由に行われる。この結果、両性雑種（2種の対立形質の交雑）のF2での分離比は、9：3：3：1となる。

Lesson 12 地学

地殻

1 地球の内部構造に関する記述として正しいものは、次のどれか。

1　地球の内部は、地殻・マントル・核からなり、地殻は大陸地殻と呼ばれる。

2　大陸地殻の厚さは30㎞～60㎞あり、深さ約20㎞で上部地殻と下部地殻とに分けられ、その境界面をコンラッド（不連続）面という。

3　地表より4000㎞以上深い部分は核といわれ、大量のニッケルが融解した高温・高圧の液体状と考えられている。

4　マントルは上部・中部・下部の3層からなり、マントルの主成分はかんらん岩である。

5　地震波（P波とS波）は地殻とマントルまでは伝わるが、核にはまったく伝わらない。

よく出る

2 地殻を構成する岩石の説明として正しいものは、次のどれか。

1　火山岩はマグマが地下で凝固した岩石で、地表で凝固した火成岩とは異なる。

2　火成岩の中で二酸化ケイ素の含有量がもっとも多いものを酸性岩という。

3　地殻を構成する岩石類の中でもっとも多いものは、変成岩である。

4　地下の深い所で冷却凝固した岩石を、等粒岩という。

5　地殻内部で高温・高圧のマグマが岩石に接触すると変成作用が起こり、接触変成岩となる。

3 火成岩は含まれている二酸化ケイ素の割合によって、岩石全体の色調が変わってくるが、白っぽい色から黒っぽい色のものの順に正しく並べたものは、次のどれか。

1　かんらん岩 → 花崗岩 → 安山岩

2　花崗岩 → かんらん岩 → 玄武岩

3　花崗岩 → 安山岩 → かんらん岩

4　玄武岩 → 花崗岩 → 安山岩

5　玄武岩 → 安山岩 → 花崗岩

地 震

よく出る

4 地震波には縦波（P波）と横波（S波）、さらに表面波（L波:レイリー波、ラブ波）があるが、これらの説明として妥当ではないものは、次のどれか。

1 地下の岩石中の縦波（P波）の速度は、秒速約3km〜約13.5kmで深さとともに増す。

2 震源地から地面に最初に届くのは縦波（P波）である。

3 横波（S波）は、縦波（P波）の速度の約55 〜 60％である。

4 表面波（L波）の振幅は、地面から深くなるとともに大きくなる。

5 横波（S波）は、液体中や気体中は伝わらない。

5 地震用語の説明として妥当ではないものは、次のどれか。

1 マグニチュード⇒地震の大きさを表す単位である。

2 モーメント・マグニチュード⇒地震の起きた場所の広さ、および地表面の波動の大きさを表す単位である。

3 微小地震 ⇒マグニチュードが1以上で3未満の地震をいう。

4 巨大地震 ⇒マグニチュード上での定義はないが、一般的にマグニチュード8以上をいう。また、場合によってはマグニチュード7.8以上のものを含めることもある。

5 震央距離 ⇒地震を観測した任意の場所と震央との距離をいう。

解 答 1 2 2 2 3 3 4 4 5 2

解 説

2 1. 火山岩はマグマが急速冷却されることによってできる火成岩であり、安山岩や玄武岩、流紋岩などをいう。3. 火成岩が全体の90％以上を占める。4. 等粒岩ではなく、深成岩。5. 接触変成岩とは、熱による変成作用を受けたときにできる岩石。

4 4. 表面波(L波)は地表面に沿って進むので、振幅は深さとともに減少する。

5 2. 地震モーメントから換算した地震の大きさを表す単位。通常のマグニチュードのように値が頭打ちになる欠点がない。

天　球

よく出る

6 右図は天球を図示したものであるが、(　)に入る語の組合せとして正しいものは、次のどれか。

	A	B	C	D
1	秋分点	冬至点	春分点	夏至点
2	春分点	夏至点	秋分点	冬至点
3	夏至点	冬至点	春分点	秋分点
4	冬至点	秋分点	夏至点	春分点
5	冬至点	夏至点	秋分点	春分点

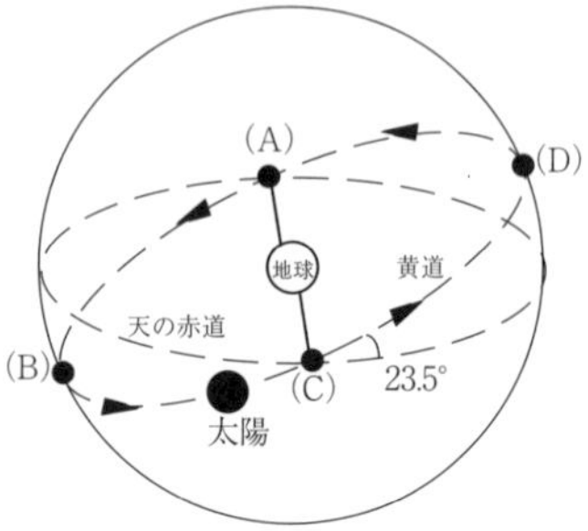

7 黄道の説明として正しいものは、次のどれか。

1　天の北極から90度隔てた天球上の大円で、地球の赤道面の延長が天球に交わる交線をいう。

2　天球における月の月周運動の経路をいう。

3　黄道は白道と23.5度の傾斜角で交わり、その交点が天の赤道である。

4　天球上における太陽の年周運動の経路で、太陽を公転する地球の球道面を天に投影した大円。

5　赤道に対し5度9分だけ傾いており、黄道と白道の交点は日食と月食を説明する場合に必要となる。

天　体

よく出る

8 太陽系に関する記述として正しいものは、次のどれか。

1　太陽系の中心である太陽は、全太陽系の質量の半分を占めている。

2　太陽は誕生後100億年を経過しており、自転していないことが大きな特徴である。

3　地球型惑星とは、地球、火星、木星、土星のことである。

4　内惑星とは太陽にもっとも近い惑星のことで、水星を指し、外惑星とは太陽にもっとも遠い惑星のことで海王星をいう。

5　隕石は組成の違いで石質隕石、石鉄隕石、隕鉄に分類される。

9 天体に関する説明として妥当ではないものは、次のどれか。

1 クエーサー⇒準星、あるいは恒星状天体とも呼ばれる。一見恒星のようであるが、通常の銀河の数百倍もの膨大なエネルギーを放出している天体である。

2 恒星⇒太陽のように自らの原子エネルギーを使い光る天体をいう。

3 星雲⇒恒星同士がお互いに束縛し合って小集団を形成したもの。オリオン星雲、アンドロメダ星雲などがある。

4 超新星⇒星の極大光度がマイナス15～20等になる天体をいい、さらにⅠ型超新星とⅡ型超新星に分かれている。

5 二重星⇒天球上で非常に近接してみえる2個の恒星。現在までに6万以上の二重星が発見されている（リック天文台の二重星目録による）。

10 学者とその宇宙論との組合せで正しいものは、次のどれか。

1 フリードマン → ビッグバン宇宙モデルの提唱

2 ミルン → 宇宙原理

3 ガモフ → 3K宇宙背景放射発見

4 グレゴリー → 宇宙の泡構造確認

5 ハッブル → 超銀河団の発見

解答 6 1　7 4　8 5　9 3　10 2

解説

7 1．天の赤道の説明。2．白道の説明。3．黄道は天の赤道と23.5度の傾斜角で交わり、その交点が春分点と秋分点である。5．白道の説明で、黄道に対して5度9分だけ傾いている。

8 1．太陽の質量は、全太陽系の質量の99.9％以上を占める。2．太陽は誕生後50億年を経過。25日の周期で自転している。3．地球型惑星とは、大きさ・平均密度などが地球とよく似ている惑星で、水星、金星、地球、火星をいう。4．内惑星は、地球の軌道より内側の軌道を公転する水星と金星。外惑星はその逆で、火星から海王星までをいう。

10 1．フリードマンは「膨張宇宙の解」の発見。3．ガモフらは「ビッグバン宇宙モデル」の提唱者。4．グレゴリーは「超銀河団」の発見。5．ハッブルは「ハッブルの法則」の発見。

大気・気象

よく出る

11 大気に関する記述として正しいものは、次のどれか。

1　大気の平均組成は、窒素が約60％、酸素が35％、そのほかにアルゴンや二酸化炭素が微量含まれている。

2　大気はその高度によっていくつかの層に分かれるが、地表から約30kmの高さまでを対流圏といい、大気中の水蒸気の大部分はここにある。

3　対流圏では、高さ100mにつき約0.6度の割合で気温が低下していく。また、雲や雨などの気象現象は主にここで起こる。

4　地表から11km～約70kmの層を成層圏と呼び、大気は安定しており、上にいくほど気温が高い。

5　対流圏と成層圏の境を臨界面と呼ぶ。

12 電離層に関する記述として正しいものは、次のどれか。

1　電離層は大気中の酸素が高温によりオゾン化したものである。

2　電離層は電波を分離する層であり、この層では電波は伝わらない。

3　電離層では電波は反射されるので、この層を利用すると長距離無線電信が可能になる。

4　電離層で反射される電波は、波長の短いものだけである。

5　電離層は非常に安定しているが、10年に1回程度消滅することがあり、これを磁気嵐と呼ぶ。

13 フェーン現象に関する記述として正しいものは、次のどれか。

1　湿った空気が山を越えて吹き下りるとき、風下側で気温が上がって乾燥する現象をいう。

2　フェーン現象は、主に東南アジアの地域で多発する。

3　湿った空気が山をのぼり雨を降らせるときは、気温は100mにつき約1.5度下がり、山を下る空気は100mにつき約2度上がる。

4　フェーン現象は夏季の現象であり、他の季節ではほとんどみられない。

5　フェーン現象は発達した高気圧が日本海に入り、脊梁（せきりょう）山脈を越えた南寄りの風が、日本海側に吹き込むことによって起こる。

14 狭い範囲で地形などの影響を受けて吹く風を局地風といい、地方によって特別な名称で呼ばれる。局地風の説明として正しいものは、次のどれか。

1 局地風は砂塵や冷雨などを伴って吹く風であるが、風力は弱く穏やかな風である。
2 「やませ」とは、主に九州や沖縄地方で吹く風で、暖かく湿った南東の風である。
3 「だし」とは、主に太平洋側の細長い峡谷から日本海側に向かって吹く西寄りの強風で、フェーン現象より気温が上がる。
4 「おろし」とは、気温が高い時に山越え気流が上空の強風を吹き下ろすために起きる強風をいう。
5 「だし」、「広戸風」、「やまじ風」を日本の三大悪風という。

解答 11 3　12 3　13 1　14 5

解説

11 1. 窒素が約78%、酸素が約21%、ほかにアルゴンが約1%、二酸化炭素が約0.03%含まれている。2. 対流圏は地表から約11kmの高さまでをいう。4. 成層圏は地表から11km〜約50kmの層。5. 臨界面ではなく圏界面。

12 3. 電離層は地表より約60km以上の高さに存在し、太陽の紫外線などにより大気の分子が電離した層のこと。荷電粒子が多くなり電波を反射する。

13 フェーン現象とは湿った空気が山を越えて吹き下りるとき、風下側で気温が上がって乾燥する現象をいう。2. もともとはアルプス山地特有の風をいった。現在は同種の風の一般名称となっている。3. 湿った空気が山をのぼり雨を降らせるときは、気温は100mにつき約0.5度下がり、山を下る空気は100mにつき約1度上がる。

14 1. 局地風は局地的な気圧配置と地形的な条件に支配されている狭い地域に吹く風を指すもので、風力などの定義はない。2.「やませ」は、主に北海道や東北地方で吹く冷湿な北東風で、冷害を起こすことがある。3.「だし」は主に日本海側の細長い峡谷から平野や、海上に向かって吹く風で、清川だし（山形）などが有名。4.「おろし」は、大気の状態が不安定なときに山越え気流が上空の強風を吹き下ろすために起こる強風。

12 地学

よく出る

15 地球の温暖化に関する記述として正しいものは、次のどれか。

1 温暖化現象は、フロンなどの物質と紫外線による光化学反応によって一酸化塩素が発生し、これがオゾン層を破壊することによって地球表面の気温が上がる現象である。

2 温暖化現象と寒冷化現象は交互に現れ、日本では1960年頃から温暖化の傾向が顕著になり、各地で大干ばつの被害を受けた。

3 地球温暖化は化石燃料の大量消費及び、焼き畑耕作によって大量放出される二酸化炭素、メタン、フロンなどの気体及び森林破壊などが原因で起こる。

4 ＩＰＣＣ第5次評価報告書（2014）によると、1880～2012年の傾向では、世界平均気温は0.6℃上昇している。

5 このまま温暖化が進むと、2100年までに全地球の平均海面水位は、今より1m以上も上昇するといわれている。

16 次の雲の中で、上層雲に属し雨や雪などの気象現象とは関係の薄い雲はどれか。

1 高積雲　2 乱層雲　3 積乱雲　4 巻層雲　5 層積雲

地　質

17 示準化石（標準化石）を古生代、中生代、新生代に正しく並べたものは、次のどれか。

	古生代	中生代	新生代
1	リンボク	始祖鳥	マンモス
2	アンモナイト	ボウスイ虫	カヘイ石
3	カヘイ石	クサリンゴ	リンボク
4	サンヨウ虫	始祖鳥	アンモナイト
5	フデイシ	イヌワラビ	フズリナ

解　答　15 3　16 4　17 1

解　説　15 1．オゾン層破壊＝温暖化とはいえない。2．温暖化は1980年代から顕著になった。4．1880～2012年にかけて、世界平均気温は0.85℃上昇している。5．最新の気候モデルを用いた予測によると、対策をとらない限り、21世紀末には海面水位は最大82cm上昇する。

第2章

一般知能

一般知能問題は慣れていないと、どう手をつけてよいのかとまどいますが、形式になれ、解き方のコツを身につけてしまえば、必ず解けるようになります。本書では例題に解答のポイントを設け、さらに同じパターンの問題を確実に解けるようにするため、ていねいな解説をつけました。ぜひ活用してください。

Lesson 1 文章理解

英文解釈

1 次の英文中の（　）に入る語として、もっとも適切なものはどれか。

The most fundamental difference we will see in future information is that almost all of it will be (　　　). Whole printed libraries are already being scanned and stored as electronic data on disks and CD-ROMs. Newspapers and magazines are now often completely composed in electronic form and printed on paper as a convenience for distribution. The electronic information is stored permanently — or for as long as anyone wants it — in computer databases: giant banks of journalistic data accessible through on-line services.

1 visual　　2 analogue　　3 analytic
4 digital　　5 mechanical

2 次の会話文中のア～オをA，B2人が交互に会話しているように並べ替えて意味が通るようにするとき、正しいものはどれか。

A：How do you like skiing, Pat ?
B：I love it. It's real fun.
A：I suppose skiing is easy for you.
ア No, sir! At first I couldn't even get up on my skis. Next I fell down from time to time.
イ Why don't you learn how to ski?
ウ I see. Do you often go skiing?
エ That sounds great.
オ Every chance I get. On some weekends I ski all day long.
A：Not on your life! I'd break my leg!

1 ア→ウ→オ→エ→イ　　2 ア→エ→オ→ウ→イ
3 オ→エ→ア→ウ→イ　　4 イ→ア→エ→オ→ウ
5 オ→エ→イ→ア→ウ

3 **次の英文中の（　）に入る語として、もっとも適切なものはどれか。**

A culture of peace consists of values, attitudes and modes of behaviour based on non-violence and respect for the fundamental rights and freedom of all people. These rights have been recognized in the (　　) Declaration of Human Rights. In a culture of peace, power comes not from the barrel of a gun, but from participation, dialogue and co-operation. It encourages a caring society that protects the rights of those who are weak, such as children, the handicapped, the elderly and the socially disadvantaged.

1 Global　　2 International　　3 Universal
4 World　　5 Cosmopolitan

解答 **1** 4　**2** 1　**3** 3

解説 **1** 4. disc、CD-ROM、databaseなどのキーワードから、digital「デジタル型の」を選ぶ。
全訳：(現在の情報と)未来の情報のもっとも基本的な違いは、そのほとんどすべてがデジタルになるだろうということだ。すべての印刷された図書はすでにデジタルに読み取られ、ディスクやCD-ROMに電子データとして蓄えられつつある。現在、新聞や雑誌は完全に電子組版され、配布の都合で紙に印刷される。電子情報は永久に、あるいは必要な限り長く、コンピュータ・データベースーオンライン・サービスで利用できる巨大な新聞雑誌のデータバンクに蓄えられる。

2 **全訳**：A スキーは好きですか、パット。
B 大好き。本当におもしろいわ。
A あなたにとって、スキーはやさしいのでしょう。
B とんでもない。最初はスキーで立ち上がれなかったし、次には時々転んだわ。
A そうですか。スキーにはよく行くのですか。
B チャンスがあればいつも。週末には一日中スキーをしていることもあります。
A それはすばらしい。
B スキーを習ったらどうですか。
A とんでもない。足を折りますよ。

3 3. the (Universal) Declaration of Human Rightsで「世界人権宣言」の意。
全訳：平和の文化は、非暴力と万民の基本的人権と自由の尊重に基づいた価値観と態度と行動様式によって成り立つ。こうした権利は世界人権宣言で認められてきた。平和の文化では、力は銃身からではなく、参加と対話と協力から生まれる。平和の文化は、子どもや障害者、お年寄り、社会的に恵まれない人など弱者の権利を守る、気づかいの社会を奨励するのである。

4 次の英文はクレジット・カードの利用に関する会話である。会話文中の空欄a～fにア～カのいずれかを1つずつ入れて意味が通るようにした場合、その組合せとしてもっとも適切なものはどれか。

A：A credit card would be too much of a temptation for me.

B：(a)

A：(b)

B：(c)

A：(d)

B：(e)

A：(f)

B：It's your choice. Nobody's forcing you to take one.

ア Too convenient, I'm sure I'd get in the red very quickly.

イ A friend of my brother got into debt and a lot of trouble through credit cards. I'd rather not have one.

ウ If I were an international business person, traveling all over the world, it would make sense.

エ A card doesn't mean that you don't have to plan your spending. It just makes it easier, that's all.

オ Well, I wouldn't be without mine. It makes buying so convenient.

カ Anybody can benefit from having a card. You just have to take a few precautions, like keeping an eye on what you spend.

	a	b	c	d	e	f
1	オ	ア	エ	イ	カ	ウ
2	オ	ア	カ	イ	ウ	エ
3	オ	ア	エ	ウ	カ	イ
4	ウ	オ	ア	イ	カ	エ
5	ウ	エ	オ	ア	イ	カ

5 次の英文中の（　）に入る語として、もっとも適切なものはどれか。

Perhaps only in baseball do Americans and Japanese have so much in common — and remain so far apart. The game is the national pastime in both countries. The rule book is the same. The bats, balls and gloves are pretty much identical. Even ball parks and uniforms look remarkably alike. On closer inspection, however, vast (　) are revealed. After more than a century of cultural fine tuning, two different sports have emerged, baseball and besuboru, reflecting the national characters that created them.

1 similarities　　2 contrasts　　3 comparison
4 diversions　　5 similitudes

解答 4 3　5 2

解説 4 全訳：A クレジット・カードは私には誘惑が強すぎてもつ気になれないわ。
B いや、ぼくはクレジット・カードがないとやっていけない。買い物にとても便利だからね。
A 便利が良すぎるのよ。私はきっとすぐに赤字になってしまうわ。
B カードがあるからといって、お金を使うのを計画的にしなくてもいいというわけじゃない。カードがあれば便利だというだけのことさ。
A もし私が国際的なビジネスマンで世界中を旅行しているなら、それもわかるけど。
B だれだってカードをもっていることで助かることがあるよ。何に使うかに気をつけるなど、前もってちょっと注意しさえすればいいんだ。
A 私の兄の友人はクレジット・カードのために借金をして、たいへんな苦労をしたわ。私は自分がもつことはないと思う。
B きみの選択さ。だれもきみにもつようにおしつけているわけじゃないんだから。

5 選択肢の意味は、1.「類似」、2.「相違」、3.「比較」、4.「転換」、5.「類似」。本文1～2行目の「多くの共通点があるが、かけ離れたままである」に注目する。
全訳：おそらく野球でだけアメリカ人と日本人は非常に多くの共通点をもつのだが－それでいてとてもかけ離れたままである。野球の試合は両国で国民的娯楽である。ルールブックは同じだし、バット、ボール、グローブもほとんど同じである。球場やユニフォームさえも非常によく似ている。しかし、より綿密に調べてみると、たいへんな相違が明らかになる。1世紀以上にもわたって、その国の文化に合うように微調整してきた結果、ベースボールと野球という2つの異なったスポーツができ、それは創造した国民性を反映しているのである。

1 文章理解

6 次の英文の内容と一致するものとして、もっとも適切なものはどれか。

Among the strongest desires aroused by the war was the wish for peace. The victors were inclined to believe that it could be secured only by the introduction of democratic forms of government everywhere, for, after all, the dictators had been overthrown. The democracies had triumphed in spite of an uncertain beginning and the gloomy predictions of commentators like Walter Lippmann about their ineffectiveness. Among the agencies through which this wish was to be realized were the United Nations, the forces of occupation, and, at a different but still important level, education.

1 Walter Lippmannは、民主主義体制では必ずしも世界の平和は保てないとみていた。

2 Walter Lippmannは、民主主義体制はやがて争いに勝利を収めるとみていた。

3 Walter Lippmannは、民主主義体制は必ず平和をもたらすとみていた。

4 Walter Lippmannは、民主主義体制によって主要国の政治的均衡は保てるとみていた。

5 Walter Lippmannは、民主主義体制は起源が不確かだから、絶対に平和をもたらすことはできないとみていた。

7 次の文に対する標題として、もっとも適切なものはどれか。

Nature has graciously provided us with signals to help us interpret emotional responses. For example, the raised eyebrows that accompany surprise or interest also represent a widening of the eyes in primates. This adjustment increases visual ability, thus enabling the person to perceive danger better. Yet the eyebrow raise is a signal to others as well. In fact, the very purpose of the hair above our eyes is to highlight this area so it is easier to communicate interest in one another. More than any other animal, humans stare intently at one another's faces during communication, a fact which accents the spoken words.

1 Emotional Responses
2 Human Communication
3 Expressive Eyebrows
4 Raised Eyebrows
5 Communication by Eyebrows

解答 **6** 1　**7** 3

解説 **6** 2. 3. 4. いずれも本文に記述がなく、誤り。5.「絶対に平和をもたらすことはできない」が誤り。

全訳：戦争によって呼び起こされたもっとも大きな願いの一つは、平和を求める願いであった。戦勝国は、平和はどこであれ民主主義体制を導入することによってのみ手に入れることができると信じる傾向にあった。というのは、何といっても民主主義体制が独裁者を倒してきたからである。民主主義体制はその起源が不確かであり、ウォルター・リップマンのような時事問題解説者がその効率の悪さについて悲観的な予測をしていたにもかかわらず、勝利してきたのである。この平和の願いを実現してくれる手段として、国際連合や占領軍の役割があるが、それらとはレベルは違うが、それでいてそれらと同じくらい重要なレベルにあるものとして、教育の役割があった。

7 選択肢の意味は、1.「感情的な反応」、2.「人間の意思の疎通」、3.「表情豊かな眉毛」、4.「上がった眉毛」、5.「眉毛による意思の疎通」。3か5で迷うが、本文の趣旨として「意思を伝えやすくするのが、眉毛の働き」と読み取れるので、3がもっとも適切。

全訳：自然は恵み深くも、私たちに感情的な反応を解釈するのに役立つ信号を与えてくれた。例えば、驚いたり興味をもったときには眉を上げるが、それは霊長類では目を見開くことにもなる。このように調節することによって視覚的能力が上がり、人は危険をよりよく察知できるのである。そのうえ眉を上げることはほかの者に対する信号でもある。実は、私たちの目の上にある毛（眉）の本当の目的は、互いの関心をより伝えやすいようにこの部分を際立たせることである。人間はほかのどんな動物よりも意思を伝え合うときにお互いの顔をじっと見るが、実はこれが話し言葉にめりはりをつけてくれるのである。

8 次の英文の内容と一致するものとして、もっとも適切なものはどれか。

International news agencies like Reuters have been distributing news around the world mainly in linguistic forms since the mid-nineteenth century, but the use of satellite technology has altered the nature of this distribution process. The international agencies which provide news material for television are Visnews and Worldwide Television Network. They operate twenty-four hours a day, sending both raw footage and complete news packages to national and regional TV stations. Because the international news agencies deal mainly in pictures rather than words, it is common for their news material to be perceived by the news editors of broadcasting companies as 'objective'. This impression is reinforced by the written material which the agencies provide, which explains and describes what is shown in their pictures.

1 国際通信社は主に言語という形でニュースを配信してきたので、放送会社のニュース編集者に主観的と受けとめられていた。

2 衛星技術によりニュース配信方法が変わり、国際通信社はいまでは言語という形ではニュースを配信しない。

3 国際通信社は出来上がったニュース番組だけをテレビ局に送信している。

4 国際通信社は主として映像を扱うため、そのニュース材料は放送会社のニュース編集者に客観的であると受けとめられている。

5 国際通信社が送信するのは未加工の映像で、テレビ局は加工して独自の映像に仕立てて放送する。

9 アメリカの子どもが学校や家庭で学ぶこととして、もっとも適切なものはどれか。

Teenage Americans are friendly and uninhibited with visitors. There seems to be no generation gap. This is, in part, due to the way they have been brought up at school and the home. Discipline, so important in the schools and homes of some countries, is given much less emphasis than self-discipline in American schools and homes. Americans of all ages tend to question orders, if they are doubtful about them. It is not in their nature to obey blindly, and if there is a crisis and there is no one to tell them what to do, they use their own initiative.

1 They learn not to feel generation gap.
2 They learn to be doubtful of what others say.
3 They learn to think for themselves in making decisions.
4 They learn not to consult others.
5 They learn much self-discipline.

解答 8 4　9 3

解説 8 1.「主観的と」が誤り。2.「言語という形ではニュースを配信しない」が誤り。3.「出来上がったニュース番組だけ」が誤り。5.「テレビ局は加工して独自の映像に」が誤り。

全訳：ロイター通信社のような国際通信社は、19世紀半ばから、主に言語という形で世界中にニュースを配信してきたが、衛星技術の利用によりこの配信方法の性質が変わってきている。テレビにニュース材料を提供する国際通信社は、ビズニューズとワールドワイド・テレビジョン・ネットワークである。これらの通信社は1日24時間稼働していて、未加工の映像と出来上がったニュース番組の両方を、全国放送やローカル放送のテレビ局に送信している。国際通信社は主として言葉よりも映像を扱うので、一般に彼らのニュース材料は、放送会社のニュース編集者に「客観的」だと受けとめられている。この印象は、その映像を説明描写する通信社が提供する記事によって、さらに強められる。

9 選択肢の意味は、1.「世代の断絶を感じないようになる」、2.「他人の言うことに疑い深くなる」、3.「自分で考えて物事を決めるようになる」、4.「他人に相談しないようになる」、5.「自己抑制できるようになる」。

全訳：10代のアメリカ人は訪問者に対して親しく、のびのびした対応をする。世代の断絶はないように思える。これは一部には、学校や家庭での育てられ方のせいである。規律は国によっては学校や家庭で非常に大切であるが、アメリカの学校や家庭では、これは自己訓練ほどは重きを置かれていない。すべての年代のアメリカ人が、命令が疑わしいと思えば異議をとなえる。盲目的に従うことは彼らの本性ではなく、もし重大な局面があってどうすべきかを教えるものがだれもいないと、彼らは自発的に手を打つのである。

現代文

10 次の文で筆者が述べている「暗示」の内容として、もっとも適切なものはどれか。

言葉は意味を表わす為めに案じ出された。然しそれは当初の目的から段々に堕落した。心の要求が言葉を創った。然し今は物がそれを占有する。恋人の耳にささやかれる言葉はいつでも流暢であるためしがない。心から心に通う為めには、何んという不完全な乗り物に私達は乗らねばならぬのだろう。

のみならず言葉は不従順な僕である。私達は屡々言葉の為めに裏切られる。私達の発した言葉は私達が針ほどの誤謬を犯すや否や、すぐに刃を反えして私達に切ってかかる。私達は自分の言葉故に人の前に高慢となり、卑屈となり、狡智となり、魯鈍となる。

かかる言葉に依頼して私はどうして私自身を誤りなく云い現わすことが出来よう。私は已むを得ず言葉に潜む暗示により多くの頼みをかけなければならない。言葉は私を言い現わしてはくれないとしても、その後につつましやかに隠れているあの睿智の独子なる暗示こそは、裏切る事なく私を求める者に伝えてくれるだろう。

暗示こそは人に与えられた子等の中、最も優れた娘の一人だ。然し彼女が慎み深く、穏かで、かつ容易にその面紗を頭からかきのけない為めに、人は屡々この気高く美しい娘の存在を忘れようとする。殊に近代の科学は何の容赦もなく、如何なる場合にも抵抗しない彼女を、幽閉の憂目にさえ遇わせようとした。抵抗しないという美徳を逆用して人は彼女を無視しようとする。

1 言葉の堕落をくい止めることができるのは、暗示だけである。

2 暗示のもつ多様性と不確実性によって、思わぬ誤解を生むことがあるので、慎重に用いたほうがよい。

3 曖昧な暗示を容赦なく切り捨てることによって、近代科学における実証主義が成立する。

4 暗示こそが、内面的な自己表現を誤りなく伝えてくれるのである。

5 暗示は、人間が生み出した知恵の中でもっとも優れたものである。

11 次の文章の趣旨として、もっとも適切なものはどれか。

政治のことばは、一般有権者に向っての公的発言と、仲間や後援者を相手にする私的発言との両極に二分されている。これまで日本の政治家は、どちらかと言うと私的発言を中心に活動してきたと思われる。滋味のある座談のできる政治家は相当たくさんいるのに、ひとたび大向(むこ)うを相手にすると味もそっけもない演説しかできなくて、失望を与えるという例がすくなくなかった。

これからは、その公的発言をいかに洗練させるかをもっと考える必要があろう。政治は言論によって進められるべきものだが、政治家がことばによって不特定多数の人間の心をとらえようという努力をしないところに言論は存在しない。存在しない言論について自由もへったくれもあったものではなかろう。言論戦が発達しないから実弾戦がものを言うのである。デモクラシーは公的言語の上に成長するものであることを、国民もそろそろ気づいていい時期ではあるまいか。

1　日本の政治家は公的発言の能力をまったく欠いている。

2　日本の政治には言論が存在せず、多くの国民もまた、言論戦を土台にしたデモクラシーを要求していない。

3　私的発言には私的発言独自の面白さがあるが、公的発言においては、私的発言の面白さがそのまま洗練されねばならない。

4　政治の場に公的言語による言論戦がなければ、デモクラシーの成長発展はない。

5　日本の政治家が私的発言を中心に活動してきたことが、国民の言論の自由を束縛している。

解答　10 4　11 4

解説

10 有島武郎『惜みなく愛は奪う』(新潮社) より。自己表現のためには、言葉の中に潜む暗示の力に頼らざるをえない、とするのが筆者の主張である。

11 外山滋比古『日本語の個性』(中央公論新社) より。筆者は、日本のデモクラシーの成長発展のためには、政治家の公的発言の洗練と、国民の意識の高まりが必要だと主張している。

12 次の文章の趣旨として、もっとも適切なものはどれか。

日本の奇術家によく知られている、俗に「サーストンの三原則」と呼ばれる奇術演技上の心得三箇条がある。

(一) あらかじめ演技の内容を話さない。

(二) おなじ奇術をその場で繰り返さない。

(三) 種あかしをしない。

奇術家ハワード・サーストンの名を冠してはいるが、サーストン自身がそう述べたのではなく、サーストンの奇術を編纂(へんさん)解説した本の序文に編纂者が一般的心得として掲げたもののうち、三項目がそう呼ばれて日本に伝わったものらしいという教示を松田道弘氏から得た。それはそれとして、三原則は奇術家の心得としてまったく正しい。サーストンの三原則を要約すれば、奇術の生命をそこなうものは何かということに尽きる。演技の前にはこれから起こる現象を、演技のあとにはその現象を起こす方法を隠せというのである。

1　秘すれば花なり

2　門前の小僧習わぬ経を読む

3　以心伝心

4　木に縁りて魚を求む

5　花に十日の紅なし

13 次の文中の空欄に入る文章として、もっとも適切なものはどれか。

芸術家自体が意識するとしないに拘らず、その生活意識と倫理感は作品を支配している。そして、作家が十分にそれを伝えうる為には、高度の技術を持たねばならない。その生活面に於ける思想が、単純に具体的な有利と不利、善と悪との判断という日常性そのままであっては、［　　　］。思想が一度作者の性格の内部で純粋化し、イデエとしての実在となることが必要である。イデエにまで純粋化した思想を、自然に技術に移入する人間が作家である。

1　思想から技術への移転はなかなか行われない

2　思想は抽象的な概念のままで終わってしまう

3　優れて芸術的な思想が作家の内部に生じることはない

4　常識的な倫理観に縛られた思想しか表現することができない

5　高度な技術を獲得することは困難になると言わねばなるまい

14 次の文章の趣旨として、正しいものはどれか。

情報は、断片的であるがゆえに内部に多様な視点を含まず、複雑な現実の限られた局面によく対応するために普遍的な妥当性が高い。「本日の東京は雨である」という情報は万人が受け入れ、説得の努力なしに世界に伝達される。他方、「この雨は田植えの合図だ」という長老の知恵は極度に個人的であり、その能力を信頼しない人にとってはなんの妥当性もない。それが意味を持つのは、せいぜい同一の伝統に繋がれ、情緒的な一体性を持つ小共同体のなかだけであろう。これにたいして、この知恵に情報の持つ分節性を与え、現実との対応関係を増しながら総合的判断をくだすのが、たとえば「今年の雨量は多い」という農業気象の知識である。その妥当性は議論の余地を含み、説得の努力が必要だという意味で個別的であるが、説得が可能だという意味で同時に普遍的でもあるのである。

1　新聞報道や株価報道にみられるように、情報は現在の時点で正確であることが重視されるため、時間を超えて普遍的な性格をもつことはない。
2　情報は、断片的・個人的であるために限られた局面にしか妥当性をもたず、万人に受け入れられることが難しい。
3　知恵は、長年の経験を積み重ねていくことによって普遍性が増し、どんな局面にも対応することが可能になるので信頼性が高い。
4　知識は、知恵のもつ個別的性格と情報のもつ普遍的性格をあわせもつことによって、複雑な現実に対し、総合的な判断を下すことができる。
5　小共同体の中でしか受け入れられなかった知恵は、議論を積み重ねることによって普遍性が高まり、知識を生み出していく。

解答　12 1　13 1　14 4

解説

12 織田正吉『ジョークとトリック』（講談社）より。「サーストンの三原則は、すばらしい演技ほど、種は何でもないことが多い。それが隠されていることによって奇術は観客を惹きつけるのである」ということを述べたもの。

13 伊藤　整『小説の認識』（新潮社）より。作家がその思想を十分に表現するためには高度の技術が必要で、またその技術を獲得するためには、作者の思想が純粋化されねばならないという、思想と技術の不即不離の関係を論じた文章。

14 山崎正和『大分裂の時代』（中央公論新社）より。「情報」「知恵」「知識」がそれぞれどんな性格をもつか、「…的」という言葉に注意して、分類、整理する。

15 次の文章の趣旨として、正しいものはどれか。

私にとって、国境を地つづきに越えていくということは、極めて象徴的にいえば、不可視の一本の線を越えたとたんに、時計の針を動かしていくということであった。東から西へ向かう者なら三十分か一時間ずつ針を戻していくことになる。インドからパキスタンなら三十分、アフガニスタンからイランなら一時間、イランからトルコなら一時間半。わずか一歩進んだだけで、一日をそれだけ長く生きることになる。国境を地つづきに越えていくということは、そういうことだった。私にとっては、そういうことでしかなかった。この国からその国へ行くのに、亡命者のような希望があるわけでもなく、だからといって絶望があったわけでもない。

確かにそういうことでしかなかったのだが、ただひとつ、地つづきに国境を越えたために私の躰（からだ）に刻みつけられたものがある。それは地図だ。ユーラシアの地図なのだ。

かりにそれがリキシャであれ、乗合いバスであれ、あるいは徒歩であれ、地つづきに国から国をうろついたおかげで、点から点の距離感をはっきりつかむことができた。転々とした空間だけは、私の躰の内部に組み込まれている時計とコンパスによって計測が可能になったのである。もちろん、そのようにして少しずつできあがったユーラシアの地図とは、点と線だけの偏頗なものに違いないが、それでも世界の広さと狭さを写し取っていることだけは確かであろう。

今の私なら、ソウルからどのくらい歩けばパリに着くか、躰の中の地図に訊ねることができるように思う。

1　あまりに長い間旅を続けたので、いまでは時計やコンパスを使う必要もないほど正確に世界地図を再現することができるようになった。

2　亡命者のような明確な目的をもった旅ではなかったので、国境を越えるということのもつ意味の重要性については理解する必要がなかった。

3　乗合バスでの移動は途中の風景を見逃してしまうことも多く、徒歩に比べて、点々とした空間の印象だけが強く刻みつけられた。

4　国境は人間が地図の上に引いた線でしかなく、地球は地つづきにつながっているので、国境を越えることの意味は時差を調整するだけにすぎない。

5　自分の目と足で地つづきに国境を越えていったおかげで、地球全体の距離感を肌で感じ、また世界を躰の内に広げていくことができた。

16 次のＡ～Ｆの文を並べ替えて意味の通る文章にするとき、２番目と５番目にくるものの組合せとして、もっとも適切なものはどれか。

Ａ　したがって、いわゆる情報・管理社会とは、脳化社会の別名にほかならない。

Ｂ　情報・管理社会が、大脳新皮質の延長としてのコンピュータを、いわばその必然として生み出したのである。

Ｃ　したがって、脳化社会は情報社会である。

Ｄ　予測はもちろん情報の上に成り立つ。

Ｅ　しばしばそう思われているように、コンピュータが情報・管理社会を生み出すわけではない。

Ｆ　また統御ないし制御ということばは、社会的に用いられる場合には、管理と呼ばれる。

	２番目	５番目
1	Ｂ	Ｄ
2	Ｃ	Ｄ
3	Ｃ	Ｅ
4	Ｃ	Ａ
5	Ｂ	Ｆ

解答　15 5　16 3

解説　15 沢木耕太郎『地図を燃やす』（文藝春秋）より。作者の「躰に刻みつけられた地図」は、この長い旅を通して得られたことを象徴的に表しているのであって、実際の世界地図そのものを指すわけではない。

16 養老孟司『日本人の身体観の歴史』（法蔵館）より。「情報」「管理」「情報・管理社会」の語句に注意しながら、前後の意味を考えていくとわかりやすい。正しく並べ替えると、Ｄ→Ｃ→Ｆ→Ａ→Ｅ→Ｂとなる。

17 次の文中の空欄A～Dに当てはまる語の組合せとして、正しいものはどれか。

アメリカにたいする“地方としての日本”が、アメリカナイズを通じて功罪ともに大国化を達成したように、地方の東京化もまた同じパターンの内側にある。世界の“［A］”がアメリカ英語になってしまった以上、日本語という“［B］”の［C］化は避けがたかった。戦後にみられる外来語の混入過程は、アメリカにどう反発しようと、生活意識の内部にあってはアメリカ化が無自覚的に行われていたことを意味する。またこの過程は、東京のアメリカ化が、地方の東京化と重なりあって増幅され、“［D］”を著しく平均化していったといっていい。

	A	B	C	D
1	標準語	標準語	方言	方言
2	標準語	方言	方言	標準語
3	方言	標準語	方言	標準語
4	標準語	方言	標準語	方言
5	方言	標準語	標準語	方言

18 次の文中の空欄A～Cに当てはまる語の組合せとして、正しいものはどれか。

永い間人間の［A］を示すしるしとされていた科学が、私たち人間の生物的な生存の基盤そのものである生態系を知らない間に大規模に破壊していたことは文明の大きな［B］であるといっていいだろう。人間の有限性ということは昔からいわれてきたが、それは個体の生についてか、でなければ人間一般についてただ抽象的にいわれただけにすぎない。その点では、私たちの生存の場としての生態系が［C］なものであると考えるとらえ方は、私たちの地球観と世界観とを大きく変えさせずにはおかないのではなかろうか。

	A	B	C
1	万能性	逆説	有限
2	可能性	逆説	不安定
3	発展性	逆説	抽象的
4	有能性	本質	相対的
5	全能性	本質	無限

19 次の文中の空欄A～Cに当てはまる語の組合せとして、正しいものはどれか。

実際のところ、いじめられっ子という役割は特定の子供が負わされるものではなくなっている。極端にいえば、いかなる生徒もその役割からまったく無縁でありとおすことが不可能な状況、いわば「明日はわが身」という［ A ］が、相互のいじめ行為を陰湿な根深いものとしているのである。

いじめの標的は、もはや特定のだれかではない。誤解を恐れずにいえば、だれでもいいのだ。［ B ］が犠牲者を決定する。いじめはほんとうに些細なことからはじまる。ピアノができることで目立つ、料理がうまいと教師にほめられる、風邪で鼻水をたらしている、授業中おならをする……、そんな理由になるとも思えぬようなことが、いじめの［ C ］となる。クラスのだれか数人が、「あいつ、近頃ムカツクぜ」と囁きかわした瞬間に、いじめはすでにはじまっている。風邪で休んだ翌日から、いじめられっ子にしたてあげられた例もある。風向きが変わったのだ。理由なきいじめ——。

	A	B	C
1	悲観の永続化	個人の態度	突発的な理由
2	強迫の日常化	状況の必然	相対的な理由
3	畏怖の永続化	状況の偶然	単純な理由
4	不安の日常化	状況の恣意	絶対的な理由
5	恐怖の絶対化	個人の意思	根元的な理由

解答 17 4　18 1　19 4

解説 17 磯田光一『思想としての東京』（講談社）より。

18 中村雄二郎『哲学の現在』（岩波書店）より。人間の未来を切り拓くべき科学が生態系の大規模な破壊を招いたという関係をとらえ、空欄Bに「逆説」を当てはめる。また、「個体の生や人間一般についていわれていた『有限性』が、生態系にも当てはまる」という文脈を押さえて、空欄Cを決定する。

19 赤坂憲雄『排除の現象学』（筑摩書房）より。近年のいじめが、特定の「いじめっ子—いじめられっ子」の間に成立するような、従来のそれから変容していることを論じた文章。ほんの些細な理由が「状況の恣意」のままに「絶対的な理由」となって、いじめは発生する。そこで起こるのは、だれもがいじめられっ子になりうるという状況のもたらす「不安の日常化」である。

20 次のA～Eの文を並べ替えて意味の通る文章にするとき、もっとも適切な並べ方はどれか。

A　幼児の生活的概念を一次的概念とするならば、科学的概念は二次的概念とよぶことができるだろう。

B　Aのことば（概念）によってBのことば（概念）が明らかにされると、今度は、そのBをもって、次の新しいことば（概念）Cを明らかにすることができる。

C　科学的概念だけに限らず、ことばのことば化を待って、言語的知識の体系化が飛躍的に前進することがわかる。

D　科学的概念は、その表示として二次的ことばを要請する。

E　つまり、説明されるべき（定義されるべき）対象であったものが、ひとたび説明されると、次にそれは他の未知のものを説明するものとしての役割を果たしてゆく。

1　D―A―C―B―E　　2　B―E―C―D―A
3　A―C―D―B―E　　4　D―B―E―C―A
5　C―A―B―E―D

21 次の文中の空欄に入るものとして、もっとも適切なものはどれか。

芸術家は、最も身近にある事物の意味に近づくため、最も遠い対蹠点まで歩いていかねばならない。「愛」というひとつの言葉に近づくため、おびただしい心臓の流れ、比喩の森を通過しなければならない。このことは、言葉の無力を示すものだろうか。たしかにそうだ。「愛」という言葉は、愛の実質について何ひとつ語ってはいないのだから。

だが、逆のことも言えるのである。「愛」という一語の内面を埋めるために、おびただしい言葉が喚起され、呼び寄せられうるということは、人間が所有し、かつ所有されているところの言葉の世界の、［　　］。

1　いわば無力であるが故(ゆえ)の厳格さを表している
2　いわば象徴としての機能を有する故の重要性を示唆しているのである
3　まさしく伝達のための手段としての可能性を証明しているといえる
4　まさに無限定な豊かさを示すものにほかならない
5　まさに相反する二面性を指し示すものに相違ない

22 次のA～Fの文を並べ替えて意味の通る文章にするとき、もっとも適切な並べ方はどれか。

A　もちろん人間あっての文明であり文化であるから、そのこと自体が必ずしも間違っているとはいえない。

B　したがって、人間の判断が、自然界全体にとっても望ましいものという保証はない。

C　最近、世界の自然遺産に登録された白神山地がそのことを象徴している。

D　森林に対する関心が急速に高まった中で、特に目立つのはブナ林に寄せられた多くの賛辞である。

E　しかし、ブナ林それ自体を賞賛しているように見えながら、実は人間を中心においた価値判断に終止していることをまず指摘しておかねばならない。

F　しかし、現在の自然界では、人間はすでに生態系の一員から離脱している。

1　D—E—F—A—C—B　　2　A—D—E—F—B—C
3　D—F—B—E—C—A　　4　A—F—B—D—C—E
5　D—C—E—A—F—B

解答　20 4　21 4　22 5

解説

20 岡本夏木『ことばと発達』(岩波書店) より。Cの「ことばのことば化」の内容を具体的に説明しているのがBである。このつながりに気づけば正解を選ぶことは難しくない。

21 大岡　信『詩・ことば・人間』(講談社) より。「愛」という言葉は愛の「実質」を何ひとつ言い表せないので「無力」であるとしておきながら、次の段落では「だが、逆のことも言えるのである」としている。さらに「おびただしい言葉が喚起され、呼び寄せられうる」としている点にも着目する。

22 北村昌美『ブナの森と生きる』(PHP研究所) より。接続語、指示語などから文頭にはDがくることがわかる。「しかし」で始まる文が2つあるが、それぞれの文の前後にどの文が続くかを考えながら、全体を組み立てていくとよい。

古 文

23 次の文章の趣旨として、もっとも適切なものはどれか。

他人を呼ぶに、「わがぞ」とさし出でたる。物など取らするをりは、いとど。おのづから、人のうへなどうちいひ譏(そし)りたるに、幼き子どものきき取りて、その人のあるに、いひ出でたる。

あはれなることなど、人のいひ出で、うち泣きなどするに、「げに、いとあはれなり」など、ききながら、涙のつと出で来ぬ、いとはしたなし。

1　たいそう間の悪いこと

2　うわべだけ調子のよいこと

3　ひどく無情なこと

4　中途半端でいいかげんなこと

5　すこぶる偽善的なこと

24 次の文章の内容として、もっとも適切なものはどれか。

法顕三蔵(ほつけんさんぞう)の、天竺(てんぢく)に渡りて、故郷の扇を見ては悲しび、病にふしては漢の食を願ひ給ひける事を聞きて、「さばかりの人の、むげにこそ心よわき気色を人の国にて見え給ひけれ」と人の言ひしに、弘融(こうゆう)僧都、「優に情けありける三蔵かな」と言ひたりしこそ、法師のやうにもあらず、心にくく覚えしか。

1　筆者は、法顕三蔵のやさしく人間味ある感情を誉めた弘融僧都の発言に対して、それは僧侶らしからぬ発言であると憎んだ。

2　筆者は、異国の地で郷愁に悩まされる法顕三蔵の気の弱さを、弘融僧都ともども責めている。

3　筆者は、法顕三蔵のやさしく人間味ある感情を誉めた弘融僧都の、僧侶らしからぬ発言に感服した。

4　筆者は、法顕三蔵の気の弱さを責めようとしない弘融僧都を、僧侶らしからぬと軽蔑した。

5　筆者は、異国の地で郷愁に悩まされる法顕三蔵の気の弱さに、ひどく同情している。

25 次の文章にある心情として、もっとも適切なものはどれか。

まづ、高館(たかだち)にのぼれば、北上川、南部より流るる大河なり。衣川は、和泉(いづみ)が城をめぐりて、高館のもとにて大河に落ち入る。泰衡(やすひら)らが旧跡は、衣が関を隔てて、南部口をさし固め、夷(えぞ)を防ぐと見えたり。さても、義臣すぐつてこの城にこもり、功名一時の草むらとなる。「国破れて山河あり、城春にして草青みたり」と、笠うち敷きて、時のうつるまで泪(なみだ)を落しはべりぬ。

1 旅情感　2 無常感　3 絶望感　4 悲壮感　5 焦燥感

解答 23 1　24 3　25 2

解説

23 清少納言『枕草子』より。「はしたなし」とは、"きまりが悪い"、"みっともない"の意味。

【現代語訳】

他人が呼ばれたのに、自分だと思って顔を出したの。物などを与えられるときなどはいっそう。たまたま他人の噂話などをして悪口を言ったのを、幼い子が耳にして、その人がいるのにそれを口に出したの。しみじみと身にしみることを、人が話して泣いたりするときに、本当にとても可哀想だと聞くものの、即座に涙が出てこないのは、ひどく間が悪いものね。

24 吉田兼好『徒然草』より。「心憎し」とは、相手の教養の高さや上品さ、奥ゆかしさに羨望や敬意を抱くような気持ちである。

【現代語訳】

法顕三蔵が印度に渡ったとき、故郷の扇を見ては悲しみ、病にふしては漢の食物を願望なさったという事を聞いて、「三蔵ほどの人が、なんとも気の弱い様子を他国でお見せになったものだ」とある人が言ったところ、弘融僧都が「やさしく人間味のある三蔵であることよ」と言ったのは、僧侶らしからぬ深い心づかいが感じられた。

25 松尾芭蕉『おくのほそ道』より。「無常」とは、万物は生滅流転し、永遠に変わらないものは何もないということ。

【現代語訳】

まず高館に登ると、眼前を流れる北上川は、南部地方から流れてくる大河である。衣川は、和泉が城のまわりを流れて、この高館の下で北上川に流れ込む。泰衡らの旧跡は衣が関を間に置いた向こうにあり、南部口を抑えて蝦夷の侵入を防いだものと見える。それにしても、よりすぐりの義臣たちがこの高館にこもり、華々しく戦った、その功名も、ただ一時の短い間のことで、いまその跡はただの草むらと化している。「国破れて山河あり、城春にして草青みたり」という杜甫の詩を思い、笠を敷き腰をおろして、いつまでも涙にくれていた。

26 **次の文中の下線部の人物像として、もっとも適切なものはどれか。**

大事を思ひ立たん人は、去り難く、心にかからん事の本意を遂げずして、さながら捨つべきなり。「しばし。この事果てて」、「同じくは、かの事沙汰しおきて」、「しかじかの事、人の嘲（あざけ）りやあらん。行末難なくしたためまうけて」、「年来もあればこそあれ、その事待たん。程あらじ。物騒がしからぬやうに」など思はんには、え去らぬ事のみいとど重なりて、事の尽くる限りもなく、思ひ立つ日もあるべからず。おほやう、人を見るに、少し心あるきは、皆、このあらましにてぞ一期は過ぐめる。

1　諸国行脚の旅に出ると宣言はしたものの、周囲のしがらみに縛られて思うとおりに出発できない人。

2　諸国行脚の旅に出ると思い立ったが、心配性で旅の準備に手間がかかり、いつまでたっても出発できない人。

3　出家をしようとする人に対して、あれこれ注文をつけて出家を思いとどまらせようとする人。

4　出家をしようと思いついたが、それがほんの出来心で、実際に出家しようなどという意思がない人。

5　出家をしようと決意したが、やり残したことに心が奪われて結局出家ができない人。

27 **次の文章に書かれている医者の態度として、もっとも適切なものはどれか。**

あるくすしありけり。いといたういやしきもの病めるありけり。薬箱いだいて薬調ずるに、その母なりける老婆の、つくづくと見てゐしが、ゐざり出て、「はばかりなることながら、ねぎ思ふことこそ侍れ」とて、いと言ひかねたるを、「何のことにてもあれ、思ふことはうち表して言ひね」と言へば、つつましげに声ふるはして、「下にくみ置き給ふ箱の御薬も給はれかし」と言ひけるにぞ、思はずほほゑみて、「さらば与へん」とて、下にありしが内の、障りなき薬ふたつみつ取りいでて調ぜしが、「かならずその薬はしるしあるべし」と語りぬ。

1　薬を与えるときに、薬の効果などについて詳しく説明している。

2　患者に病気はどういう状態なのかしっかり伝えている。

3　支障がない限り、患者の要求に応えた治療を施している。

4　間違った治療をしたときは、素直に認めている。

5　どんな場合にも、まず患者の立場に立って治療をしている。

28 次の文章で述べていることと合致するものは、どれか。

この父大臣の御太郎君、女院の御一つ腹の道隆の大臣、内大臣にて関白せさせ給ひき。次郎君、陸奥守倫寧の主の娘の腹におはせし君なり。道綱と聞こえし。大納言までなりて、右大将かけ給へりき。

1　道隆は父大臣と女院の間の子である。
2　道綱は道隆の子である。
3　女院と道綱は異母兄弟である。
4　父大臣は関白をしていた。
5　道綱が大納言になったとき、右大将はいなかった。

解答　26 5　27 3　28 3

解説

26 吉田兼好『徒然草』より。「大事」で、しばしば「出家すること」を表す。
【現代語訳】
出家を思い立つような人は、逃れにくく、気にかかるようなことの目的を遂げないで、そのまま（目的を）捨てなければならない。「もうしばらく。そのことが終わってから」、「同じことなら、あのことを始末しておいてから」、「これこれのこと、（そのままにしておいたら）人に嘲られてしまうだろうか。将来非難されないように処理しておいて」、「長年（こうして）過ごしてきたのだから、そのことを待とう。時間はかかるまい。物騒がしくないように」など思うとしたら、避けられないことばかり重なって、いつまでも用事が尽きず、（出家を）決意する日もあるはずもない。だいたい、人を見ると、少し分別のある身分の人は、だれでも、この（出家しようという）予定で一生を過ごすようだ。

27 松平定信『花月草子』より（一部省略）。
【現代語訳】
ある医者がいた。たいそう貧しい人が病気にかかっていた。（その人に対しその医者が）薬箱を抱えて薬を調合していたときに、その（病人の）母親である老婆で、じっと見て座っていたのが、にじり寄って、「恐縮ですが、お願い事がございます」と言って、とても言いにくそうにしているので、「何でもよいから、思っていることを打ち明けてみなさい」と言うと、慎ましい様子で声を震わして、「（薬箱の）下の段に置いていらっしゃる薬もいただきたいのです」と言ったところ、（医者は）思わずほほえんで、「それであれば差し上げよう」と言って、下の段にあったものの中で、害のない薬をいくつか取り出して調合し、「この薬はきっと効果があるに違いない」と話しかけた。

28 『大鏡』より。「一つ腹」は母親が同じ兄弟のことを指す。
【現代語訳】
この父大臣（兼家）のご長男は、女院（詮子）と同腹の兄弟の道隆の大臣で、（道隆は）内大臣で関白もなさった。次男は陸奥の守の倫寧の主の娘の子供でいらっしゃる方である。道綱と申し上げた。大納言までなり、右大臣を兼務なさった。

1 文章理解

漢文

29 次の詩で作者の気持ちとして、もっとも適切なものはどれか。

李白乗舟将欲行
忽聞岸上踏歌声
桃花潭水深千尺
不及汪倫送我情

1 親友との別離の悲しさ
2 自然の雄大さに対する驚きと賛美
3 友情の深さに対する感激
4 ふいに聞こえてきた踏歌のみごとさ
5 旅立ちにあたる意気揚々とした心情

30 次の詩の空欄に入る語として、もっとも適切なものはどれか。

風急天高猿嘯哀
渚清沙白鳥飛廻
無辺落木蕭蕭下
不尽長江滾滾□
万里悲秋常作客
百年多病独登台
艱難苦恨繁霜鬢
潦倒新停濁酒杯

1 流　2 来　3 永　4 湧　5 落

解答 29 3　30 2

解説 29 李白『汪倫に贈る』より。思いがけず見送りにきてくれた友、川岸で足を踏みならしながら歌い踊る、その送別の情が李白にとってはたまらなく嬉しかったに違いない。

【書き下し文】

李白　舟に乗りて将に行かんと欲す
忽ち聞く　岸上踏歌の声
桃花潭水　深さ千尺
及ばず　汪倫の我を送るの情に

【現代語訳】

私(李白)は舟に乗っていままさに出発しようとしていた。そのとき突然、川岸の辺りでにぎやかな踏歌の声が聞こえてくるではないか。この辺りの名勝、桃花潭の水の深さは千尺もあるという。その底知れぬ深さに比べても、汪倫が私を見送ってくれる友情の深さには、とても及ばないだろう。

30 杜甫『登高』より。七言律詩は、初句・偶数句末に押韻をふむので、それをもとに考える。

【書き下し文】

風急に天高くして　猿嘯哀し
渚は清く沙は白くして　鳥飛びて廻る
無辺の落木は蕭蕭として下ち
不尽の長江は滾滾として来たる
万里　秋を悲しんで　常に客と作り
百年　病多くして　独り台に登る
艱難　苦だ恨む　繁霜の鬢
潦倒　新たに停む　濁酒の杯

【現代語訳】

風は激しく吹き荒れ、高く澄みわたった秋空に、猿の鳴き声が哀しく聞こえる。見下ろせば長江の水は透きとおり、砂は白く、その上を鳥が輪を描いて飛んでいる。果てしなくひろがる落葉樹の林では落ち葉がさわさわと舞い落ち、つきることのない長江の水はこんこんと湧きたつように流れて来る。はるか故郷を離れたまま、来る秋、また来る秋も旅人の私は、生涯が病がちで、いまただひとりこの高台に立っている。苦しみや難儀で鬢の毛も一面に白くなってしまった。何と嘆かわしいことよ、すっかり年老いてしまった私は病のために、わずかばかりの楽しみであった濁り酒ですら、やめなくてはならなくなってしまった。

Lesson 2 数的推理

整数の性質

★例題 1

縦45m、横72mの長方形の土地がある。この周囲に等間隔に植林しようと思う。ただし、この土地の四隅には必ず植林し、最少の本数で行うことにした。このとき、樹木は何本必要か。

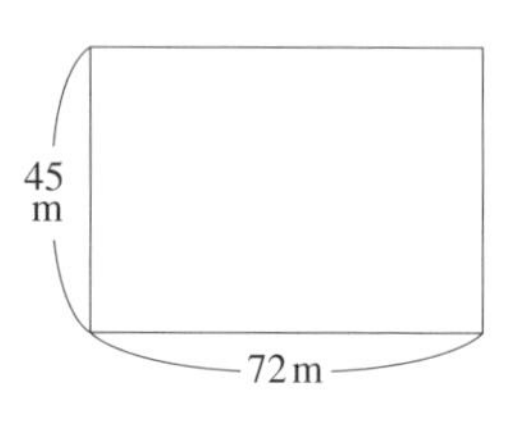

1 20本　2 24本　3 26本　4 27本　5 30本

解答のポイント

整数の性質に関する問題で問われるのは、最小公倍数、最大公約数の意味、素因数分解などの計算方法である。よく確認しておこう。

解説

図のように、Aから植え始めたとすれば、四隅に必ず植林し、かつ最少本数におさめたいのだから、45mと72mの最大公約数を求めればよい。

3) 45　72
3) 15　24
　　5　8

G.C.M（最大公約数）＝3×3＝9

よって、9m間隔で植えればよい。長方形の総周囲は234mなので、234÷9＝26となる。なお、四隅に植える問題を右図のように1本の直線におきかえて考える場合、両端の一方は同じ点（A）となるので、木を2本分に数えないように注意すること。

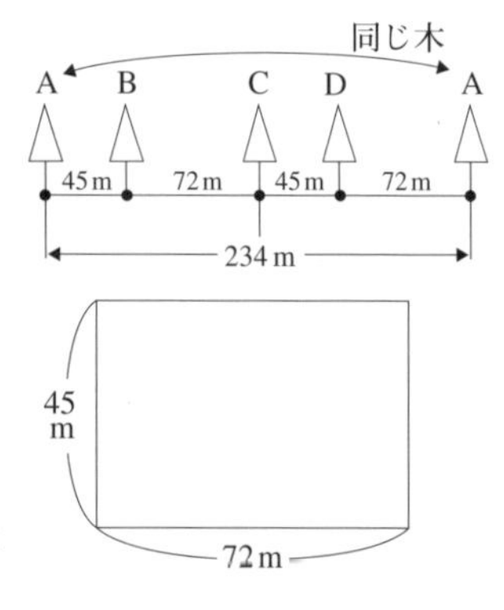

解答 3

問 題

1 ＊という記号を用いて、A＊Bは「自然数をAから順に大きい側へBだけ足す」と約束する。このルールに従うと、3＊4＝3＋4＋5＋6＝18となる。このとき、6＊9＝k，(8＊m) ＊5＝200 が、同時に成り立つとすると、k＋mの値はいくらか。

1　4　　2　17　　3　38　　4　94　　5　102

2 歯数120，64，54の大、中、小の3つの歯車が図のようにかみ合って静止している。いま、この状態からゆっくりと回転させ、再びこの位置に各歯車が戻ってくるとすると、それはそれぞれ何回転させたときか。

1　大： 30回転　中：135回転　小：180回転
2　大： 72回転　中：135回転　小：160回転
3　大：135回転　中：160回転　小：320回転
4　大：160回転　中：135回転　小： 72回転
5　大：192回転　中：128回転　小：116回転

120枚　54枚　64枚

解 答　1 4　2 2

解 説

1 与えられた式の解ける部分から順に解くとよい。
6＊9＝6＋7＋8＋...＋13＋14 ＝90となるから、k＝90とわかる。
また（8＊m）＝x…①とおくと、x＊5＝200…②となるから、
②式は、$x+(x+1)+(x+2)+(x+3)+(x+4)=200$となる。
これを解くと、$5x=190$だから、$x=38$となる。
この値を①式へ代入すると、8＊m＝38となるから、
これを満たすmを探すと、8＋9＋10＋11＝38となり、m＝4
したがって、k＋m＝90＋4＝94

2 再び同位置に戻るまで、歯が何コマ動くかを考える。進んだ歯のコマ数はどれも同じだから、大中小の歯車のL.C.M（最小公倍数）を求めればよい。

$120=2^3\times3\times5$
$64=2^6$
$54=2\times3^3$

L.C.M＝$2^6\times3^3\times5=8640$　∴8640コマ動けばよい。
(大:8640÷120＝72回転、中:8640÷64＝135回転、小:8640÷54＝160回転)。

記数法

★例題 2

我々が日常使用している数値は10進法で記されているが、いま、10進法ではない表記法によって、166＋44＋53＝326が成り立つとすると、これと同じ表記法で示された　301＋45＋12を計算した場合、10進法でいくらになるか。

1　190　　**2**　239　　**3**　352　　**4**　399　　**5**　454

解答のポイント

まず、何進法で表記されているのかを考える。例題では一番大きな数が6なので、少なくとも7進法、8進法、9進法のどれかだとわかる。

解説

足し算なので一の位に注目すると、6＋4＋3＝6となっているので、4＋3＝0であることがわかり、7進法であることが確定できる。

そこで、301＋45＋12を10進法に直して計算すればよい。

n進法を10進法に直すには

a　b　c　d　(n)　→ $n^3 \times a + n^2 \times b + n^1 \times c + n^0 \times d$ となるので、

（a ← n^3、b ← n^2、c ← n^1）

$$301(7) = 7^2 \times 3 + 7^1 \times 0 + 7^0 \times 1 = 148$$

同様に、$45(7) = 7^1 \times 4 + 7^0 \times 5 = 33$、$12(7) = 7^1 \times 1 + 7^0 \times 2 = 9$となり、148＋33＋9＝190となる。n進法から10進法への変換は、組立除法を用いることで機械的に行うことができる。

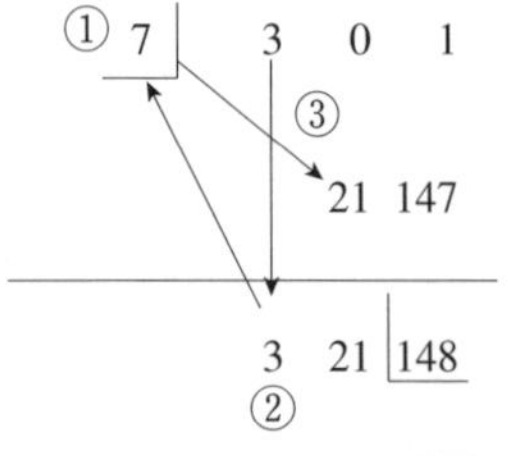

①まず、7進法を示す7とその数を書く。②次に3を下線までおろす。③その数と7とをかけ算し、その積21を0の下に書き、その和を下線の下に書く。同様にこれを繰り返し21×7＝147　147＋1＝148、右端の値が10進法の数となる。

解答　1

問題

3 **3443（5）は5進法で3443を示すと約束する。この数を、同じ規則を用いて8進法で表すとabc（8）と示せるが、このときa+b+cの値はいくらか。**

1 12　　2 15　　3 16　　4 19　　5 21

4 **ある規則に従って数を表現すると、16，21，31はそれぞれ、*yxxxx*，*yxyxy*，*yyyyy*と示される。この規則によって表現された数式 *yxyx* + *yyy* + *x* の値はいくらか。**

1 17　　2 19　　3 21　　4 24　　5 36

解答 **3** 2　**4** 1

解説 **3** n進法からm進法への直接変換は困難な点が多いので、10進法を経由してから行ったほうがよい。
この問の場合は、5進法で示された3443を、まず10進法に直し、その後8進法へ直せばよい。

$3443(5) = 5^3 \times 3 + 5^2 \times 4 + 5 \times 4 + 3$
$= 375 + 100 + 20 + 3 = 498\,(10)$

10進法からn進法への変換は、縦書き法を用いるので、
10進法の498を8進法に直す場合
```
8 ) 498
8 ) 62……2 ↑
     7……6 |  となり、
```
762（8）となる。a＋b＋cの値を求めなければならないので、7＋6＋2＝15

4 この規則が、xとyのみで示されていることに着目すると、1と0のみで記される2進法の表記の変形ということがわかる。xとyの一方が1で他方が0となるが、xとyのみで示された数の頭は*yxxxx*、*yxyxy*、*yyyyy*と、どれもyであり、$y \neq 0$がわかる。したがって、$y=1$，$x=0$と決められる。ここで、*yxxxx*，*yxyxy*，*yyyyy*を2進法で記すと、10000，10101，11111となるが、どれも10進法の16, 21, 31と一致する。したがって、数式 $yxyx + yyy + x$は、2進法で1010＋111＋0となり、10進法で記すと10＋7＋0＝17となる。

速さ・比率

★例題 3

昨年度18人で取り組んで16日間かかった作業がある。同様の作業を、今年度は９日間で終わらせなければならなくなった。このとき、何人で行う必要があるか。

1　20人　　2　30人　　3　32人　　4　43人　　5　55人

解答のポイント

仕事算を解くポイントは、１日当たり、１人当たりなどの仕事量を数値で求め、式に表して考えることである。

仕事算の基本式

（全体の仕事量）÷（全体を仕上げるのに要する日数）＝（１日の仕事量）

解説

この問題では、1日当たりの人数、18÷16×9としてはならない。仕事を完成させるために、のべ何人要するかを考える。

18人で16日かかるのだから、のべ18×16＝288（人）要する。

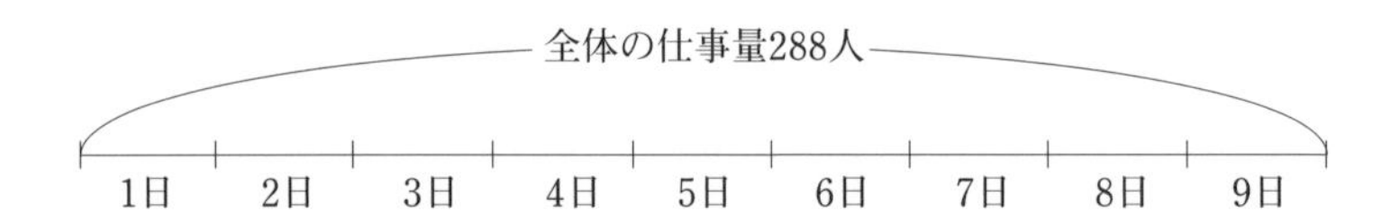

これを９日間で成し遂げるのだから、288÷９＝32（人）となる。

方程式を立てるほどではないが、$9x=288$を解いてもよい。

解答　3

問題

5 時計の長針と短針が11時から12時までの間、一直線となる時刻は、次のうちどれか。

1 11時26分43秒頃　2 11時26分59秒頃　3 11時27分16秒頃
4 11時27分37秒頃　5 11時28分1秒頃

6 登山口から山頂を経て下山口に抜ける全長24.6kmのハイキングコースがある。ある人がこのルートを、頂上までは時速2.4km、頂上から下山口まで時速4.2kmで歩き、頂上で1時間休憩をしたため全所要時間は9時間だったという。このハイキングコースの頂上までの距離はいくらか。

1 3km　2 6km　3 8km　4 12km　5 15km

7 62km離れた川の上流と下流にある町を結ぶ定期船が運航されている。この船は上流にある町を出発し2時間で下流にある町へ着くが、帰りは2時間40分かかるという。この船自体の航行速度はいくらか。

1 26.567km／時　2 26.932km／時　3 27.003km／時
4 27.125km／時　5 27.246km／時

解答 5 3　6 4　7 4

解説

5 長針は1分間に6度、短針は1分間に0.5度動くので、x分後に一直線（180度）になると考えて方程式をつくる（11時の2本の針のなす角度は30度である）。
$30+6x-0.5x=180$を解いて、$x=27\frac{3}{11}$
$\frac{3}{11}=\frac{a}{60}$とすれば、$a≒16.36$なので、11時27分16秒頃が正解となる。

6 登山口から山頂までの距離を$x$kmとおき、所要時間に関する方程式をつくる（休憩時間の1時間は全所要時間から引く）。
$\frac{x}{2.4}+\frac{24.6-x}{4.2}=8$を解いて、$x=12$

7 見かけ上の船の速さは、下りは$\frac{62}{2}=31$km／時、上り23.25km／時であるが、これには川の流れの速さ（$x$km／時）がそれぞれ加算減算されているので、船自体の速さを求める方程式は、$31-x=23.25+x$　となる。これを解くと$x=3.875$　よって、船自体の速さは$31-3.875=27.125$km／時

割合・濃度

★例題 4

3%の食塩水200gと5%の食塩水300gを混和し、その食塩水にさらに5gだけ食塩を加えた。そのとき、食塩水の濃度は何%になるか。

1　3.3%　　2　4.5%　　3　5.1%　　4　6.9%　　5　8.8%

解答のポイント

食塩水等の濃度＝$\frac{\text{食塩の量}}{\text{食塩水の量}}$　という基本事項を確認しておくこと。

解説

濃度3%であれば$\frac{3}{100}$となり、「食塩水100g中に食塩が3g」入っていることになる。まず、混和後の食塩水500gの濃度をx%と考えると、

$\frac{3}{100}\times 200+\frac{5}{100}\times 300=\frac{x}{100}\times 500$　∴　$x=4.2$　となり、4.2%の食塩水500gができたことになる。これに食塩5gを加えたのだから、

$\frac{4.2\times 5+5}{500+5}=\frac{26}{505}\fallingdotseq 0.05148\cdots$となり、約5.1%となる。

解答　3

★例題 5

ある企業の男子従業員数は、全従業員数の72%より126人多い。また、女子従業員数は840人だという。全従業員数は何人か。

1　2897人　　2　3450人　　3　3780人　　4　4058人　　5　5136人

解答のポイント

方程式を立てるときは、何をxにおいたらよいか考える。

解説

男子従業員が「全従業員の72%より126人多い」なら、女子従業員数は「全従業員の28%より126人少ない」といえる。これが840人なのだから、全従業員をx人とすると、$0.28x-126=840$　$x=3450$（人）となる。

解答　2

??問 題

8 4%の食塩水と10%の食塩水を必要量だけ混ぜて、ある濃度の食塩水をつくろうとしていたが、調製過程で間違え、それぞれの食塩水の必要量を反対に計量して混ぜ合わせたため、6%の食塩水が900gできてしまった。はじめにつくろうとしていた食塩水の濃度は何%か。

1 5% 2 6% 3 7% 4 8% 5 9%

9 ある商社では複写機と印刷機の販売をしており、今年度の売上決算を行うことになった。昨年度は複写機と印刷機の合計販売台数が3400台であったが、今年度は印刷機は18%の販売減少、複写機は50%の販売増加となり、全体では18%の販売増加となった。今年度の複写機の販売台数は何台であったか。

1 2700台 2 2900台 3 3260台 4 3600台 5 4010台

解 答 8 4 9 1

解 説 8 6%の食塩水900gをつくるための4%と10%の食塩水の量を考える。4%の食塩水をxgとすると、10%の食塩水は$(900-x)$g要するので、食塩の量についての方程式は$\frac{4}{100}x+\frac{10}{100}(900-x)=\frac{6}{100}\times900$となる。よって$x=600$となるので、4%の食塩水は600g、10%の食塩水は300g混和していたことがわかる。はじめにつくろうとしていた食塩水は、これを反対に計量すればよいので4%の食塩水を300g、10%の食塩水を600g混和すればよい。
求める濃度をy%とすると、$\frac{4}{100}\times300+\frac{10}{100}\times600=\frac{y}{100}\times900$となり、
$y=8$(%)となる。

9 昨年、複写機をx台販売したとすると、印刷機は$(3400-x)$台販売したことになる。これを基本にして、今年の全販売台数についての方程式をつくればよい。
$1.5x+0.82(3400-x)=3400\times1.18$ $\therefore x=1800$台
昨年は1800台販売していたことがわかる。よって、今年度は50%増加したのだから、$1800\times1.5=2700$(台)となる。

魔方陣

★例題 6

図は1から9までの自然数を3×3のマス目に入れ、縦・横・対角線の和が等しくなるように並べようとしたものである。このとき、AとBの積はいくらになるか。

		A
9		
B	3	

1　12　　2　15　　3　16　　4　24　　5　56

解答のポイント

魔方陣の問題は「3×3マス」と「4×4マス」のそれぞれの数字の配置を覚えておけば、ほとんど解ける。

解説

魔方陣の問題は①基本的な配置を記憶しておく。②数列の和を用いる等の解法がある。9マスの魔方陣は、その配置は1通りしかないので、記憶しておくほうが得策である。上の2段を「フクヨカ・シチゴサン」と覚えておくとよい。横並びから和が15だとわかるので、6・1・8はすぐにみつかる。A＝6, B＝4なのでA×B＝24となる。また、数列の和で解く場合には、中央のマスには、その数列の中央の値が入ることをもとにして、1から9までの和45を3で割った15になる数を求めていけばよい。

基本的な配置

2	9	4
7	5	3
6	1	8

解答　4

問　題

10　図は1から16までの自然数を4×4のマス目に入れ、縦・横・対角線の和が等しくなるように並べようとしたものである。このとき、AとBの和はいくらになるか。

13			1
A	11	7	
	B		15
16		9	

1　5　　2　12　　3　18

4　23　　5　31

11 図は1から16までの自然数を4×4のマス目に入れ、縦・横・対角線の和が等しくなるように並べようとしたものである。このとき、AとBの積はいくらになるか。

1		15	
	A		9
	11	B	5
13		3	

1 24　**2** 32　**3** 64
4 70　**5** 84

解答　**10** 2　**11** 4

解説　**10** 4×4マスの場合は、数列の和を用いて解く。初項1, 末項16の等差数列と考えられるので、その和SはS＝$\frac{16\ (1+16)}{2}$＝136となり、各列の和は136/4＝34となる。ここで空欄を図のようにおくと、B＝10となる。また、
A＋e＝5…①
a＋b＝20, c＋d＝18, b＋f＝18, A＋e＝5, A＋C＝16となり、①が成立するのはA＝2, e＝3のときかA＝3, e＝2のときだけ。それぞれの場合に当てはめてみると、A＝2, e＝3のときに適することがわかりc＝14, d＝4, f＝6が求められる。したがって、A＋Bの値は12となる。

13	a	b	1
A	11	7	c
e	B	f	15
16	g	9	d

11 空欄を図のようにおく。1段の和は34であるから
d+B＝16…①、d＋b＝10…②、b＋h＝20…③、c+e＝20…④となり、これらの式を満たす組合せを考える。
①②を満たす組合せは、下表の通り。

1	a	15	b
c	A	d	9
e	11	B	5
13	g	3	h

(①を満たす)

d	2	4	6	10	12	14
B	14	12	10	6	4	2

(②を満たす)

d	2	4	6	8
b	8	6	4	2

同時に満たすのは、d＝2, 4, 6のいずれかとなる。各場合でほかの値を順次に表で示し、適するものをみつける。

d＝	B	b	a	h	g	e	c	A
2のとき	14	8	10	12	6	4	16	7
4のとき	12	6	(12) ×	(不適)				
6のとき	10	4	14	16	2	8	12	7

上記より、A＝7, B＝14とA＝7, B＝10となる2種類の魔方陣が存在することがわかる。これらの解から積を求めると、98または70となり、選択すべき解答は70となる（4×4マスの場合は、数通りの魔方陣が存在する)。

2 数的推理

虫食い算

12 **以下のように、一部分が欠落した計算過程が示されている。このときa，bにあてはまる数はいくらか。**

1　a＝4，　b＝2
2　a＝4，　b＝6
3　a＝5，　b＝2
4　a＝5，　b＝6
5　a＝6，　b＝9

```
      □2□
×      a7
---------
    22□8
   1b□□
---------
   1□4□8
```

13 **以下のように、一部分が欠落した計算過程が示されている。このときa＋b＋cの値はいくらか。**

1　12
2　14
3　15
4　17
5　19

```
      □□3
×     □a1
---------
      1□□
     b4□
    3□9
---------
    3□4c□
```

14 **以下のように、一部分が欠落した計算過程が示されている。このときa＋bの値はいくらか。**

1　12
2　14
3　15
4　17
5　19

```
      □8□□
   ________
 7) □9□5□
    □□
   ----
     □a
     b□
   ----
      □5
      □□
   ----
        0
```

15 以下のように、一部分が欠落した計算過程が示されている。このときa×bの値はいくらか。

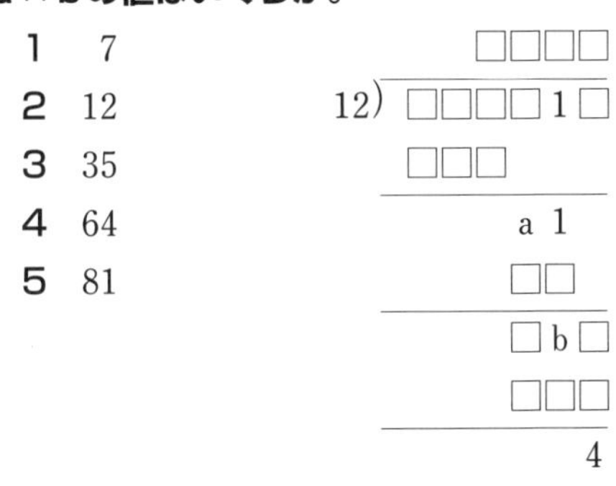

解答 12 4　13 1　14 2　15 1

解説 12 欠落した□部分を以下のようにアルファベット等でおき、わかる部分から数を入れていくのがよい。

```
     A 2 B
×      a 7
──────────
   2 2 C 8
   1 b D E
──────────
 1 F 4 G 8
```

かける数の一の位７の下に８があることに着目すると、７×Bで８が生じる数は、B＝４のときのみである。B＝４がわかると、そのまま計算しC＝６がわかる。さらにA＝３のとき、十繰上がり、Cの左が22となる。次にａの部分で、324×ａの値が１ｂＤＥとなることを考える。ｂの左が１であることから、ａは4, 5, 6のどれかになることがわかる。それぞれ代入してみると、ａ＝５のとき1620となり条件を満たし、ｂ＝６とわかる。

15 欠落した□部分を以下のようにアルファベット等においてみる。

```
        A B C D
    ───────────
12) E F G H 1 I
    E F G
    ───────────
          a 1
          K L
    ───────────
          M b N
          P Q R
    ───────────
              4
```

ＥＦＧに注目し、積が３桁になる商Ａを考えると12×９＝108のみである。したがって、Ａ＝9, Ｅ＝1, Ｆ＝0, Ｇ＝８がわかる。同様にＤ＝9, Ｐ＝1, Ｑ＝0, Ｒ＝8。Ｒの下が４だから、Ｍ＝1, ｂ＝1, Ｎ＝２となる。ｂ＝１だからＬ＝０となり、Ｋの値はＣ＝５のときＫ＝６となる。またＭ＝１だから、ａ＝７となりＨ＝7, Ｂ＝０となる。

よって、ａ×ｂ＝７

2 数的推理

数列の規則性

★例題 7

下のような、一部が欠落し、第5項まで記されているA，B2つの数列について、次の問に答えよ。

数列A　9，13，17，　a，25，…

数列B　3，　6，　b，24，48，…

（1）この数列の欠落部分 a，b の和はいくらになるか。

1　33　　2　35　　3　$\frac{101}{3}$　　4　41　　5　43

（2）数列Aの初項から第30項までの和はいくらになるか。

1　1080　　2　1200　　3　1502　　4　1860　　5　2010

解答のポイント

数列の問題は、①隣り合う項の差、②隣り合う項の比、③各項の逆数をとるなどして規則性をみつけて攻略する。

解説

数列の基本事項についてまとめておく。

等差数列…定数 a に一定の数 d を次々に加えて得られる数列。
初項 a，公差 d　一般項（第 n 項）　$a_n = a + (n-1)d$
初項から第 n 項までの和　$S_n = \frac{n(a_1 + a_n)}{2}$

等比数列…定数 a に一定の数 r を次々にかけて得られる数列。
初項 a，公比 r　一般項（第 n 項）　$a_n = ar^{n-1}$
初項から第 n 項までの和　$S_n = \frac{a(1-r^n)}{1-r}$

（1）各数列の規則性をみつける。数列Aは初項9、公差4の等差数列であるから、$a = 17 + 4 = 21$　数列Bは、隣合う項の比をとると、公比2の等比数列と判断でき、初項が3なので第3項は $3 \times 2^{3-1} = 12$、$b = 12$ とわかる。したがって、$a + b$ は $21 + 12 = 33$

解答　1

（2）数列Aの第30項は $9 + (30-1) \times 4 = 125$　よって、初項9，末項125，項数30の等差数列の和は、$S = \frac{30(9+125)}{2} = 2010$

解答　5

問 題

16 図のように縦横均等に64マスに分割され、規則的に1から64までの数字が記された正方形の紙がある。いま、この紙を対角線で四ツ折りにし、その状態で23、30、31、38のところで上から下まで貫通するように穴を開けた。穴の開いている位置として誤っているのは次のうちどれか。

1	2	3	4	5	6	7	8
9	10	11	12	13	14	15	16
17	18	19	20	21	22	23	24
25	26	27	28	29	30	31	32
33	34	35	36	37	38	39	40
41	42	43	44	45	46	47	48
49	50	51	52	53	54	55	56
57	58	59	60	61	62	63	64

1　13、27、34　　2　14、20、21
3　27、35、42　　4　42、51、53　　5　45、51、52

17 前年の元日は水曜日であった。翌年の元日は何曜日になるか。ただし、本年は閏年である。

1　火曜日　　2　水曜日　　3　木曜日　　4　金曜日　　5　土曜日

18 ある年の5月5日は火曜日であった。その年の11月7日は何曜日になるか。

1　火曜日　　2　水曜日　　3　木曜日　　4　金曜日　　5　土曜日

解 答　16 4　17 5　18 5

解 説

16 図を描いて考える。穴を開けられた23、30、31、38の場所が折り目の2本の線(対角線)によって線対称移動されることに注目し、当該部分に印を入れる。○印は穴を開けた場所、△印はそれによって同時に開く場所を示す。それによると“53”は穴が開かないことがわかる。

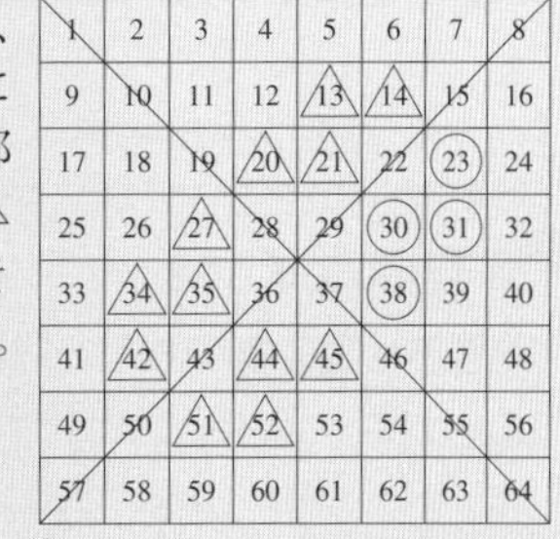

17 前年1年間は365÷7＝52…1となり、52週と1日であり、1日だけ後ろにずれるので、本年の元日は木曜となる。また、本年は閏年であるから、366÷7＝52…2となり、2日ずれ、翌年の元日は土曜日となる。

18 5, 7, 8, 10月が31日までなので、11月7日までは186日間。186÷7＝26…4となり4日ずれる。5月5日が火曜日なので、11月7日は土曜日となる。

順列・組合せ

★例題 8

0，1，2，3，4，5の6枚のカードがある。これを並べて、3000未満の4桁の数をつくるとき、その数は何通りつくることができるか。

1 90通り　2 100通り　3 120通り　4 160通り　5 200通り

解答のポイント

異なるn個のものからr個取って並べる順列を求める式

$_nP_r = n(n-1)(n-2)\cdots\cdots(n-r+1) = \frac{n!}{(n-r)!}$ を覚えておくこと。

解説

3000未満の4桁の数は、千の位が1，2の場合に限られるので、1□□□または2□□□と示すことができる。このときの百の位以下の場合の数を求めればよい。カードは残り5枚、桁は百、十、一の3桁なので

$_5P_3 = 5 \cdot 4 \cdot 3 = 60$通りとなる。これが2通りの場合が存在するので、

$60 \times 2 = 120$通りとなる。

解答 3

★例題 9

35人で構成されているサークルがある。この中から役員を5人選出することになった。このとき、何通りの選び方が考えられるか。

1 324632通り　2 649264通り　3 2597056通り
4 19477920通り　5 38955840通り

解答のポイント

異なるn個のものからr個取る組合せを求める式

$_nC_r = \frac{_nP_r}{r!} = \frac{n(n-1)(n-2)\cdots\cdots(n-r+1)}{r!} = \frac{n!}{(n-r)!r!}$ を覚えておくこと。

解説

組合せの基本的な問題である。選出に関する問題では、順列を求めてはならない。（A，B，C）も（C，B，A）も同じと考える。35人から5人選ぶので、$_{35}C_5 = \frac{35 \cdot 34 \cdot 33 \cdot 32 \cdot 31}{5 \cdot 4 \cdot 3 \cdot 2 \cdot 1} = \frac{38955840}{120} = 324632$通り。

解答 1

問題

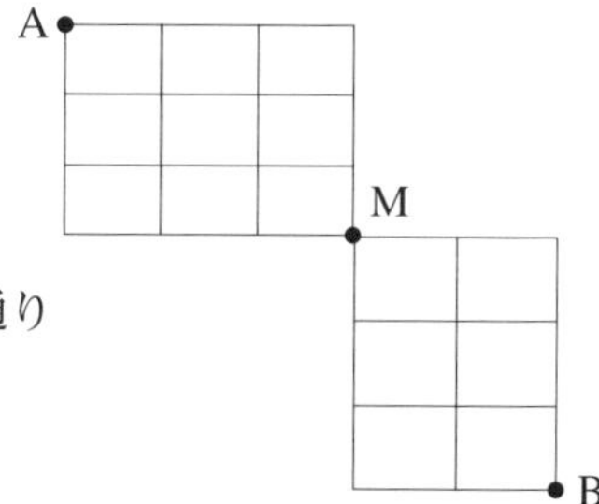

19 **図のような街路がある。AからMを通りBまで最短距離で行く道順は、何通り考えられるか。**

1 90通り　2 180通り　3 200通り
4 512通り　5 1024通り

20 **3本の平行線と5本の平行線が同じ平面上に存在し交わっているとき、これらの平行線によってつくることができる平行四辺形は何個か。**

1 30　2 33　3 35　4 37　5 40

21 **男子2人、女子5人の仲間が円卓に着席しようとしている。このとき、男子2人は隣り合わないように着席させるとすると、その座らせ方は何通り考えられるか。**

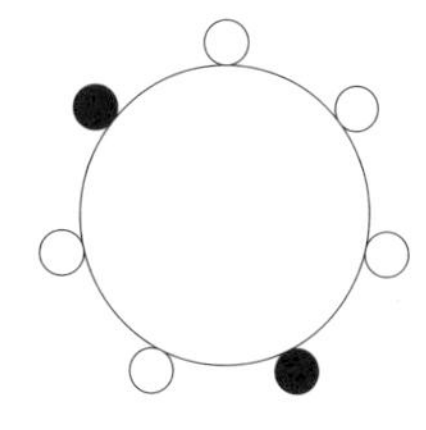

1 52通り　2 77通り　3 154通り
4 333通り　5 480通り

解答 **19** 3　**20** 1　**21** 5

解説 **19** AからMまで、MからBまでと分けて考えるとよい。AからMまでは右に3コマ、下へ3コマ。MからBまでは右へ2コマ、下へ3コマ動くことになるので、それぞれの区間の道順は、A〜M間：${}_6C_3$＝20通り。M〜B間：${}_5C_2$＝10通り。よってAからBまでの道順は、20×10＝200通り。

20 横3本、縦5本の平行線のうち、それぞれ2本が決まれば平行四辺形になる。横${}_3C_2$＝3通り、縦${}_5C_2$＝10通り。したがって、3×10＝30個。

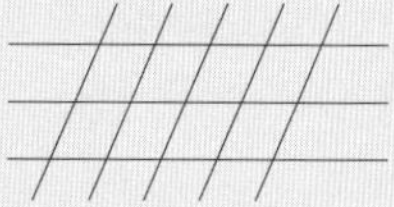

21 n個のものの円順列の数を求める式 $\frac{n!}{n}$＝（n－1）！を利用。7人の座席位置（円順列）は、$\frac{7!}{7}$＝720通り。また男子2人が隣り合う座り方は、男子2人と残りの女子5人の座る位置によるので、${}_2P_2 \times {}_5P_5 = 2! \times 5! = 240$通り。したがって、男子2人が隣り合わない座り方を求めるには、全720通りの座り方から、男子2人が隣り合う座り方240を引く。よって、720－240＝480通り。

確　率

★例題 10

外から中が見えない袋の中に赤6個、白8個の、合計14個の同形の球が入っている。同時に6個取り出すとき、すべて赤球である確率はいくらか。

1 $\frac{7}{2500}$　2 $\frac{13}{2600}$　3 $\frac{1}{3003}$　4 $\frac{2}{3117}$　5 $\frac{8}{3549}$

解答のポイント

一般に確率は、$\frac{\text{その事柄が起こる場合の数}}{\text{すべてのことが起こる場合の数}}$で求める。

解説

14個から6個の球の取り出し方（全事象）は、

$_{14}C_6 = \frac{14 \cdot 13 \cdot 12 \cdot 11 \cdot 10 \cdot 9}{6 \cdot 5 \cdot 4 \cdot 3 \cdot 2 \cdot 1} = \frac{2162160}{720} = 3003$通りとなる。

また、赤球6個の中から、6個の取り出し方（根本事象）は、$_6C_6 = 1$通りとなるので、その確率は$\frac{1}{3003}$となる。

解答 3

★例題 11

ある野球チームに現在までの打率が4割2分の選手がいる。次の1試合中で、この選手が3打席で2安打する確率は、およそいくらか。

1 0.288　2 0.291　3 0.3　4 0.307　5 0.66

解答のポイント

Aの起こる確率P（A）とBの起こる確率P（B）が連続して起こる確率はP（A）×P（B）で求める。

解説

まず、この選手が1打席で安打となる確率と無安打となる確率を求めると、現在の打率より、安打が出る確率0.42、安打が出ない確率0.58となる。

全3打席のうち2安打する打ち方は、$_3C_2 = 3$通り存在するので、

$3 \times (0.42 \times 0.42 \times 0.58) = 0.306936$　となる。

解答 4

問題

22 **外から中が見えない袋の中に赤6個、白8個の、合計14個の同形の球が入っている。同時に3個取り出すとき、少なくとも赤球を1個取っている確率はいくらか。**

1 $\frac{51}{79}$　2 $\frac{11}{13}$　3 $\frac{79}{97}$　4 $\frac{83}{103}$　5 $\frac{32}{39}$

23 **ある野球チームに現在までの打率が4割2分の選手がいる。次の1試合中で、この選手に4打席が回ってくるとした場合、無安打となる確率は、およそいくらか。ただし、犠打、四死球はないものとする。**

1 9.2%　2 10.8%　3 11.3%　4 17.2%　5 22.9%

24 **図のように縦6本、横8本の街路がある。いま、AからBまで最短で行くとき、Cを経由する確率はいくらか。**

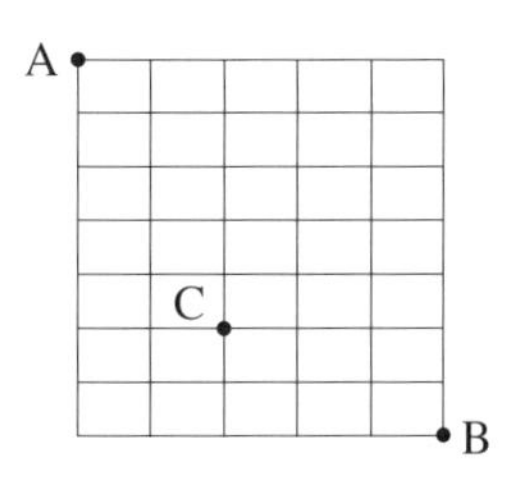

1 $\frac{87}{121}$　2 $\frac{35}{132}$　3 $\frac{91}{227}$

4 $\frac{115}{411}$　5 $\frac{139}{453}$

解答 **22** 2　**23** 3　**24** 2

解説 **22** 3個取り出す全事象は、${}_{14}C_3=364$通り。「少なくとも赤球1個」とは「すべての白球の確率を1から引く」ことに等しい。白球8個から3個の取り出し方は、${}_8C_3=56$通りで、その確率は$\frac{56}{364}$である。したがって、3個のうち少なくとも赤球が1個入っている確率は、$1-\frac{56}{364}=\frac{11}{13}$

23 4打席とも無安打となるのだから、その確率は、$(0.58)^4 \fallingdotseq 0.1131$となる。

24 AからBまでの行き方は、全12コマ動くうち、右へ5コマ決まればよいので、${}_{12}C_5=792$通り存在する。同様にAからCまで、CからBまでを求めると、${}_7C_2=21$通り、${}_5C_3=10$通りである。ゆえに、AからCを通りBに至るまで、$21\times10=210$通りの道順がある。全事象が792通りなので、その確率は、$\frac{210}{792}=\frac{35}{132}$となる。

平面図形

★例題 12

三角形ABCにおいて、角Aおよび角Bからそれぞれの対辺の中点まで線分を引き、その交点をM、Nとし、これら2本の線分の交点をPとするとき、三角形ABCの面積は三角形PBMの面積の何倍になるか。

1　3倍
2　4.2倍
3　5.4倍
4　6倍
5　6.8倍

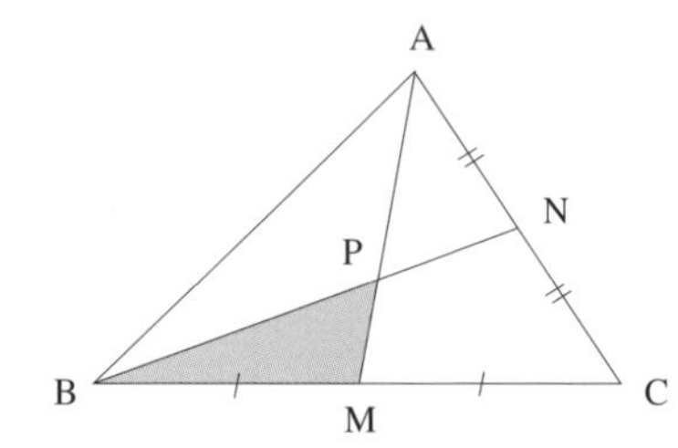

解答のポイント

三角形の面積は、底辺と高さによって求められる。底辺か高さ、どちらか一方が固定していれば、他方の比が面積の比となる。

解説

BNとAMを中線と呼び、それぞれの交点Pは「重心」と呼ばれ、中線を2：1に分ける（内分する）ことが知られている。
したがって、MP：AP＝1：2より、$\triangle PBM=\frac{1}{3}\triangle ABM$
よって、△ABMは△PBMの3倍となる。また、BM＝CMより、
△ABCは△ABMの2倍になるから、△ABCは△PBMの6倍となる。

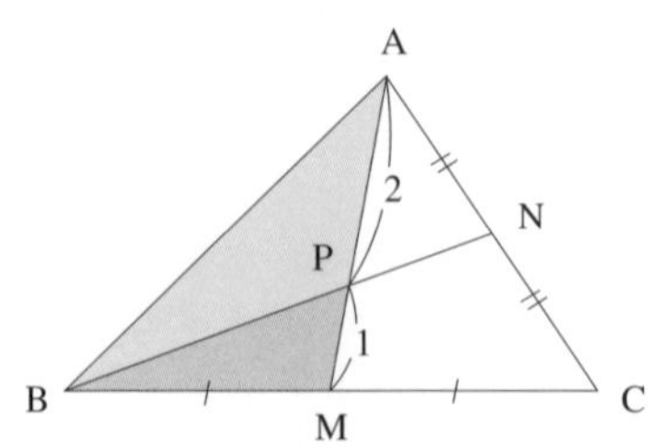

解答　4

問題

25 同じ平面上にある2本の直線lとmが20度で交わっている。いま、図で示すようにA～Fまでの6つの点を、AC=BC=BD=ED=EFが成り立つように直線lおよびm上に定めたとき、角xは何度になるか。

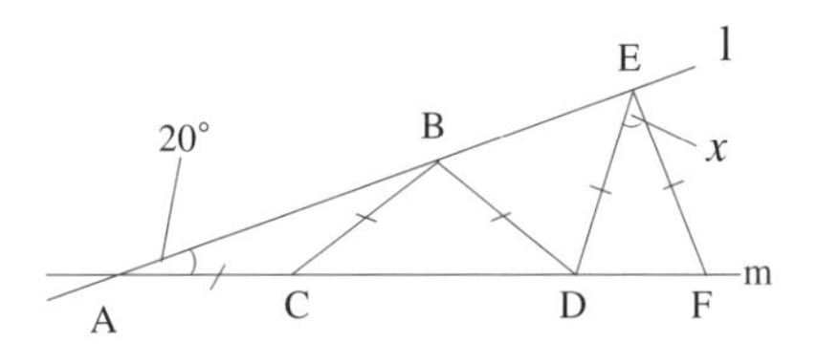

1　20°　　2　22°　　3　30°　　4　33°　　5　40°

26 図のような平行四辺形ABCDにおいて、辺BCおよび辺CDの中点をM、Nとし、これらと角Aを結ぶ線分AMおよびANと対角線BDとの交点をO、Pとするとき、平行四辺形ABCDの面積はこれらの補助線によってできる五角形POMCNの面積の何倍になるか。

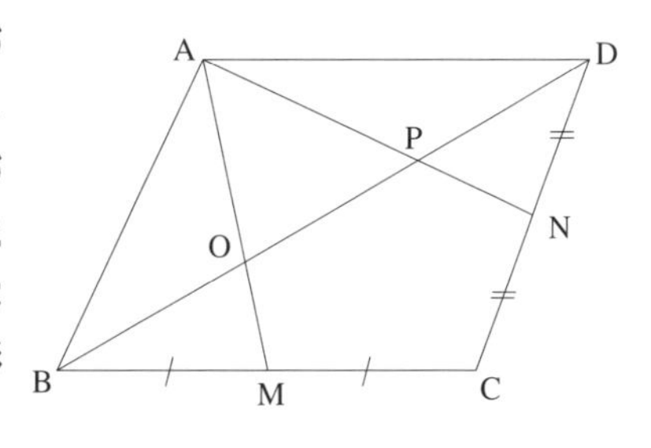

1　1.5倍　　2　2倍　　3　2.3倍　　4　3倍　　5　3.7倍

解答　25 1　26 4

解説　25 △CABは二等辺三角形だから∠CAB＝∠CBA＝20°
∠CAB＋∠CBA＝∠BCD＝∠BDC＝40°より、∠CBD＝100°
∠ABD＝120°だから∠DBE＝∠DEB＝60°　よって、∠BDE＝60°より、
∠ADE＝100°、∠EDF＝∠EFD＝80°となり、∠DEF＝20°

26 補助線ACを引き、BDとACの交点をQとする。
点Oは△ABCの重心なので、AO：MO＝2：1
ここで、△OBMの面積を1とすると、△ABO＝2
BO：QO＝2：1なので、△AQOは△ABOの$\frac{1}{2}$で1
同様に△AQP＝1、△APD＝2より、△PND＝1
ここで△ABDは6となるから、△CDBも6
よって五角形POMCNは4　　平行四辺形ABCDは12であるから3倍となる。

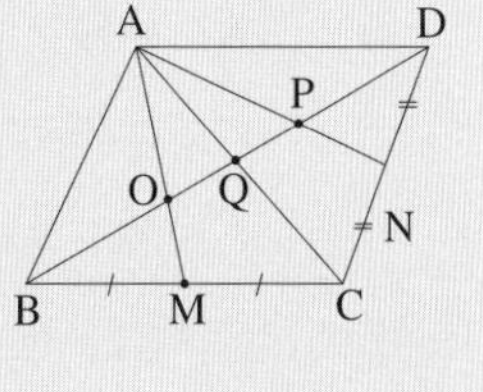

立体図形

★例題 13

図で示すような、樹脂でできた底面の半径が8cmの円錐の上部を底面に平行に切断した円錐台があり、上面の半径は5cmであった。このとき、もとの円錐と、切断して得られた小さな円錐の体積の比はいくらか。

1　245：87
2　312：96
3　398：102
4　480：115
5　512：125

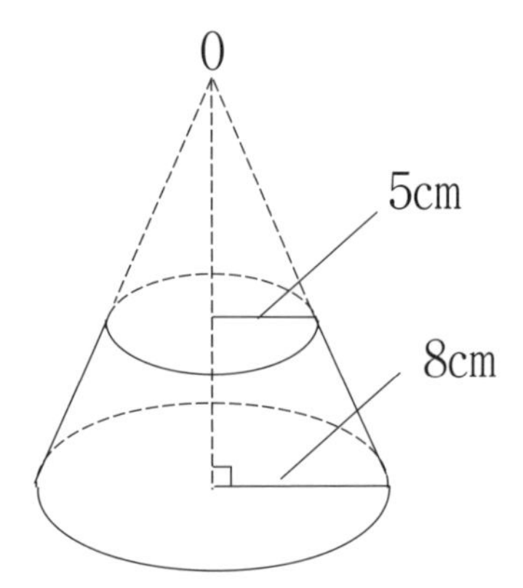

解答のポイント

底面の半径r、高さhの円錐の体積は$\frac{1}{3}\pi r^2h$で求められる。相似比 a：bのとき、体積比は $a^3：b^3$である。

解説

もとの円錐の高さをhとすると、切断した小さな円錐の高さは、$\frac{5}{8}$hとなる。円錐の体積＝底面積×高さ×$\frac{1}{3}$に当てはめて求める。

もとの円錐の体積は、$64\pi\times h\times\frac{1}{3}$

切断した円錐の体積は、$25\pi\times\frac{5}{8}h\times\frac{1}{3}$となるので、

その比は、$64：\frac{125}{8}=512：125$となる。

解答　5

?? 問 題

27 中心角180度、半径5cmの半円形があり、これを丸めて円錐形の筒をつくろうと思う。出来上がった筒の底面に蓋をするとき、その半径は何cmになるか。

1 1cm
2 1.7cm
3 2.5cm
4 3cm
5 3.75cm

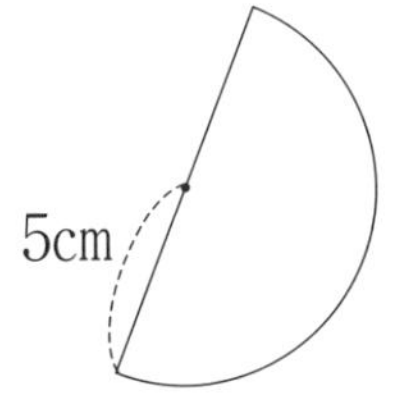

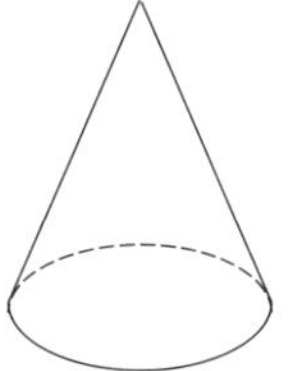

28 ある立体図形の正面、右側面、左側面、上面の4方向の見取図が示されているとき、この立体図形の体積はいくらになるか。

1 $918+144\sqrt{2}$ cm³
2 $920.4\pm121\sqrt{3}$ cm³
3 $927.6+171\sqrt{5}$ cm³
4 $9551\ +162\sqrt{3}$ cm³
5 $986.3+133\sqrt{7}$ cm³

(正面)

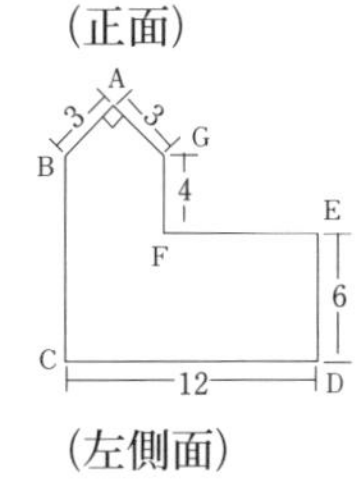

(上面)

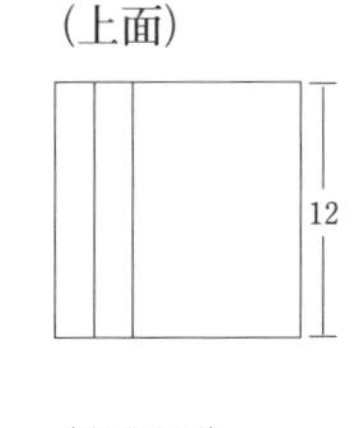

(左側面)

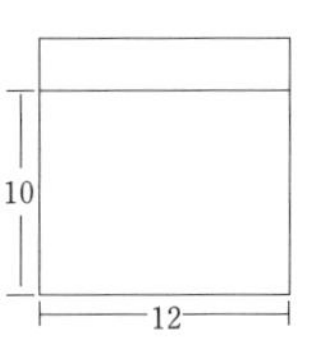

(右側面)

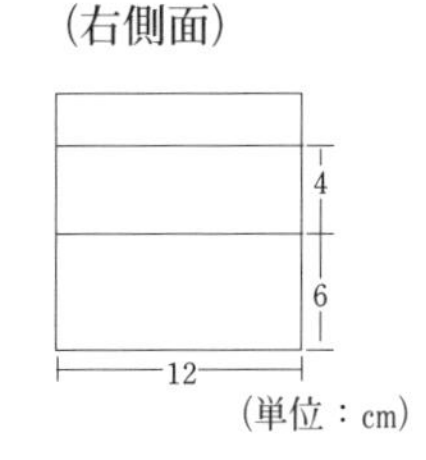

(単位：cm)

解 答 27 3　28 1

解 説 27 半円形の半径より弧の長さを求め、それが定角の円周と等しくなる。弧の長さは5πcmとなるので、底面の円周は5πcm。その半径は$2\pi r=5\pi$を解いて$r=2.5$cmとなる。また別解だが、半円形の半径(母線)に$\dfrac{中心角}{360°}$をかけたものが底面の円の半径となる公式を用いてもよい。

28 正面図の面積を求め、奥行（深さ・高さ）を乗じればよい。
BGは$3\sqrt{2}$、FEは$12-3\sqrt{2}$となるから、正面の面積は
$4.5+120-(48-12\sqrt{2})=76.5+12\sqrt{2}$　また、奥行は12なので体積は、
$(76.5+12\sqrt{2})\times12=918+144\sqrt{2}$ cm³となる。

Lesson 3 判断推理

集合と論理

★例題 1

電線をつくるあるメーカーでは、品質確保のために電線の「太さ」と「長さ」について検査を行い、両方の基準値を満たしたものだけを出荷しているという。いま、無作為に500個を抽出し検査を行ったところ、「長さ」については92%が合格したが、「太さ」については18%が不合格となり、両基準を満たしたものは385個であったという。これに関する以下の記述のうち、誤っているものはどれか。

1 「太さ」だけ基準を満たしたものは25個である。
2 「長さ」の基準については460 個が合格している。
3 両基準ともに不合格であったものは全体の3%以下であった。
4 少なくとも一方が基準を満たしているものは全体の97%である。
5 一方だけ合格であったものは、20%未満である。

解答のポイント

集合論の問題にはベン図を使うとよい。特に、共通部分（交わり）の要素の数値がヒントになる場合が多い。

解説

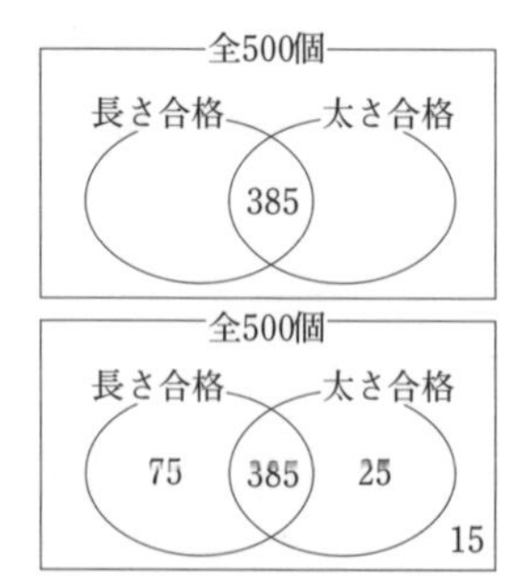

問題文をベン図に表す。両基準を満たした個数は385個。長さの合格は500×92%＝460個。太さについては18%が不合格（82%が合格）なので、500×82%＝410個が合格。よって、長さだけの合格は460−385=75個、太さだけの合格は410−385=25個とわかる。また両方とも不合格は15個であり、全体の3%。一方だけ合格したものは100個であり、全体の20%となる。したがって**5**が誤り。

解答 5

問題

1 ある国のダイヤモンドのオークションでは、「色」「輝き」「質量」の3項目について合否評価をし、品質を類別しているという。いま、270個について品質類別を行ったところ、「色」については99個、「輝き」については91個、「質量」については136個がそれぞれ合格となった。また、そのうち2項目合格となったものは、「色」と「輝き」では14個、「色」と「質量」では23個、「輝き」と「質量」では37個であった。さらに、3項目すべて合格となったものはわずかに2個であった。これらに関する以下の記述のうち、誤っているものはどれか。

1　2種目以上の合格は約26％である。
2　「質量」の合格は3つの基準の中で最多である。
3　「輝き」だけ合格したものは全体の15％に満たない。
4　「色」だけが合格したものの個数は、すべて合格となったものの32倍である。
5　すべて不合格となったものは、約6％である。

解答 1 3

解説 1 ベン図を描いて整理する。

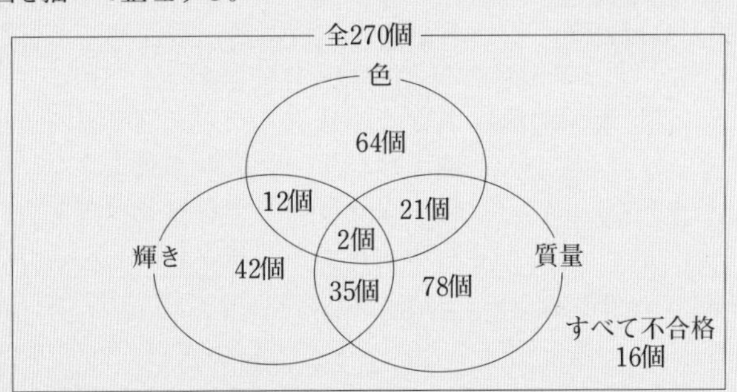

この図をもとに、各設問を調べてみる。
1. 2項目以上の合格個数は70個で、全体の25.92％となる。**2.**「質量」の合格個数は最多である。**3.**「輝き」だけの合格個数42個は全体の15.55.％となり、15％を超える。**4.**「色」だけが合格した64個はすべて合格した2個の32倍となる。**5.** すべて不合格となったものは16個であり、全体の5.9％となる。したがって、**3**が誤りとなる。

形式論理

★例題 2

「日本のビジネスマンは忙しい」という記述が正しいとき、以下に示す記述のうちで、常に正しいといえるものはどれか。

1　忙しくないなら日本のビジネスマンではない。
2　日本のビジネスマンでなければ忙しくはない。
3　忙しいのは日本のビジネスマンである。
4　日本のビジネスマンは活動的である。
5　外国のビジネスマンは忙しくはない。

解答のポイント

論理の基礎的事項として、命題文が真の場合、その対偶だけが常に真となることを押さえておく。

解説

「AならばBである」といった判断可能な文章を命題という。命題論証時の基礎事項として、以下のことを覚えておく。

1. **否定命題**…命題Aに対して「Aでない」という命題。$\overline{A}$で表す。
2. **条件命題**…2つの命題A，Bを結びつけた「AならばBである」というもの。A→Bで表す。
3. **逆・裏・対偶**…命題A→B（AならばBである）に対して、
　逆：B→A（必ずしも真ならず）
　裏：$\overline{A}$→$\overline{B}$（必ずしも真ならず）
　対偶：$\overline{B}$→$\overline{A}$（常に真）

例題では、常に正しいものを選択肢から選べばよいので、命題の対偶を考えればよい。すると「忙しくないならば日本のビジネスマンではない」となり、これが常に真であるといえる。したがって**1**が正解となる。注意しなければならないことは、**4**の「活動的」や**5**の「外国の」のようにもとの命題にない用語は、どんなに文章の意味が通っていても論証には使えないということである。

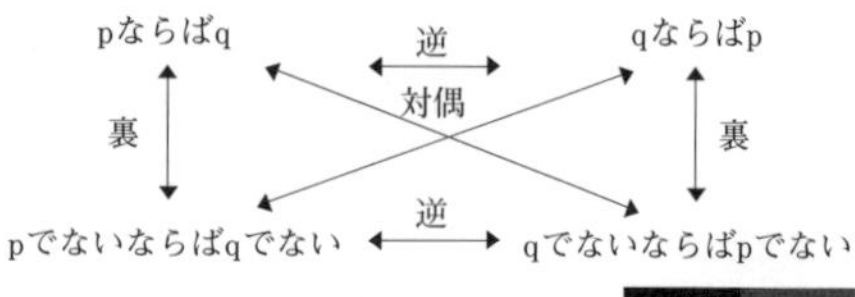

解答　1

問題

2 いま2つの命題pとqが存在し、「pならばq」の関係が真であるとき、常に正しいといえるものは、次のどれか。

命題p：日本は経済大国である。

命題q：アメリカは豊かな国である。

イ　日本が経済大国であればアメリカは豊かな国だ。

ロ　日本が経済大国でないならアメリカは豊かな国ではない。

ハ　アメリカが豊かな国なら日本は経済大国である。

ニ　アメリカが豊かな国でないなら日本は経済大国ではない。

ホ　アメリカは豊かな国だ。

1　イ　2　ロ，ハ　3　イ，ニ　4　ハ，ホ　5　イ，ホ

3 次の関係p，q，rがいえるとき、確実にいえることはどれか。

p：力持ちなら扉を開けられる。

q：太郎は力持ちだ。

r：クマは力持ちだ。

1　太郎はクマだ。

2　扉を開けられるのは太郎だけだ。

3　扉を開けられるのはクマだけだ。

4　太郎もクマも扉を開けられる。

5　クマは扉を開けられない。

解答　2 3　3 4

解説

2 p，q 2つの命題を合わせてつくられる命題を、合成命題という。p，qの真偽にかかわらず、常に真となるものを選ぶ。選択肢を検討すると、イ「p→q」は問題文に真と書かれた関係なので常に真となる。ニ「$\overline{q}$→$\overline{p}$」も対偶なので常に真となる。ロ「$\overline{p}$→$\overline{q}$」は裏、ハ「q→p」は逆なので常に真とはいえない。ホはqの真偽の保証がないため、必ずしも真とはいえない。

3「a→b」かつ「b→c」がいえるとき「a→c」がいえる。これを三段論法という。本問に三段論法を適用すると「太郎→力持ち」かつ「力持ち→扉」がいえるとき「太郎→扉」。また「クマ→力持ち」かつ「力持ち→扉」がいえるとき「クマ→扉」がいえる。以上のことから、“太郎もクマも扉を開けられる”結論が得られる。

暗号解読

★例題 3

「イシカワ」（石川県）をある規則に従って暗号化したものが図1である。解読の鍵は、（1・2）は「イ」、（3・2）は「シ」、（2・1）は「カ」、（10・1）は「ワ」となることである。この規則に従って図2を解読したとき示される内容は、次のどれか。

図1

5	2	4	8	9	8	3	6	6	9	3	4	7	8	4	2
3	3	6	4	8	6	7	0	5	8	4	2	3	2	2	3

図2

6	8	7	8	3	7	3	2	9	4	7	6	5	9	6	6
3	1	5	9	2	6	2	2	4	1	4	8	2	5	6	5

1 神奈川県　**2** 山口県　**3** 京都府　**4** 和歌山県　**5** 青森県

解答のポイント

暗号問題には①換置式暗号、②分置式暗号、③転置式暗号の3つのパターンがあり、公務員試験によく出題されるのは①である。

解説

まず、3つの暗号問題の解読法を確認しておこう。

①換置式暗号…文字を別の文字や記号におきかえることによって暗号にしたもの。解読法は、解読表(暗号表)をつくって、規則性をみつけること。

②分置式暗号…文字と文字の間に余分な文字をはさみ暗号にしたもの。解読法は、余分な文字を規則正しく消去すること。

③転置式暗号…文字の配列を変えることによってつくられているもの。解読法は、文字の配列を正しく直すこと。

例題は換置式暗号である。解読表は“かな50音表”、(　・　)の数は50音表での文字の位置を示すと推測される。また(　・　)の数は、左右4マスのそれぞれ上2マスの和と下2マスの和の差である。(1・2)「イ」は(5＋2)－(3＋3)＝1、(4＋8)－(6＋4)＝2で「ア行イ段のイ」を示すとわかる。同様に図2を解釈すると(10・1)(2・1)(8・1)(7・1)となり、対応する文字はワカヤマである。

解答　4

問題

4 ある規則に従って文字を表現すると、「スイカ」は（03・11・12）、「セイジカ」は（04・11・39・12）となる。いま、この規則に従って（25・19・25・48・83・75・19・26）を解読したとき示される内容は、次のどれか。

1 西郷隆盛　　2 徳川家康　　3 平清盛
4 足利尊氏　　5 豊臣秀吉

5 ある規則に従って、「LEMCNOOLPOQGRY」と表現される内容にもっとも近いものは、次のどれか。

1 健康　2 環境　3 音楽　4 科学　5 統計

6 ある規則に従って、「経済」を暗号で示すと「110509260109」となるという。その解読の鍵はローマ字で示すことにあり、「経済」は「KEIZAI」と示されることにあるという。この規則に従って「文学」を暗号化したものは、次のどれか。

1 2101221403　　2 02211407011121　　3 913213211001
4 001201312010　　5 31201105

解答 4 5　5 2　6 2

解説

4 (25・19・25・48・83・75・19・26）をみると、1文字目と3文字目、2文字目と7文字目に同一の文字があることがわかる。それを手がかりにア〜オを読むと、「トヨトミヒデヨシ」が該当する。

5 そのままの文字配列では意味不明なので、1文字ずつ交互に分けてみると、
「L　M　N　O　P　Q　R」
「E　C　O　L　O　G　Y」となり、ecology（環境）を意味する。

6 ローマ字化することは、アルファベットの文字数や配列順序を考えることを意味する。「KEIZAI」の6文字は「11/05/09/26/01/09」と考えられ、この数字の意味に気づけばよい。これをよくみると、「A」には01、「Z」には26が配当されていることから、アルファベット26文字の「A」から数えた順番が記されたものと解釈できる。これによると、「文学」は「BUNGAKU」となり、「02/21/14/07/01/11/21」と示せる。

3 判断推理

うそつき問題

★例題 4

A、B、Cの3者がゲームをし、その結果1位から3位まで順位をつけた。その内容について以下のように3人が発言している。この中の1人がうその発言をしていたという。3人の正しい順位は、次のうちどれか。

A：私は1位にはなれなかった。

B：私が1位になった。

C：私は2位だった。

	1位	2位	3位
1	A	B	C
2	A	C	B
3	B	A	C
4	B	C	A
5	C	A	B

解答のポイント

うそつき問題は、それぞれの発言を対応表や図に表して考えると矛盾をみつけやすくなる。

解説

3人の発言を表に表す(可能性のあるところに○印をつける)。表中の2位に○が重なるAかCの発言がうそと考えられるが、A発言がうその場合、AB2人が1位となるので不適。C発言が「私は3位だった」ならば3人の順位が確定することがわかる。

	1位	2位	3位
A		○	○
B	○		
C		○	

解答 3

問 題

7 A、B、C、D、Eの5人がゲームをし、その結果1位から5位まで順位をつけた。その内容についてA、B、Cの3人が以下のように発言している。この発言にうそがないとすれば、5人の順位は次のうちどれか。

A：私はBより下位だが、Dよりも上位だ。

B：あの手を使えば、2位にはなれたと思う。

C：自分は偶数の順位ですよ。

	1位	2位	3位	4位	5位
1	B	A	C	D	E
2	C	B	A	D	E
3	C	E	B	A	D
4	E	B	A	D	C
5	E	C	B	A	D

8 山田、太田、鈴木、中島、佐藤の5人がゲームをし、得点の多い順に1位から5位まで順位をつけた。その内容について以下のように5人が発言をしているが、このとき、確実にうそをついていないといえるのはだれか。

山田：中島さんは太田君より高得点だった。

太田：鈴木さんは佐藤さんより高得点だった。

鈴木：中島さんは佐藤さんより高得点だった。

中島：鈴木さんは山田君より低得点だった。

佐藤：山田君は太田君より低得点だった。

1 山田　2 太田　3 鈴木　4 中島　5 佐藤

解答 7 5　8 3

解説

7 Aの発言からB＞A＞Dの順位がわかる。次にBの発言から、B自身は3位以下を意味するから、?＞?＞B＞A＞Dとなる。Cの発言から、偶数順位なので1位ではないことがわかる。したがって、E＞C＞B＞A＞Dとなる。

8 各人の発言が正しいものとしてまとめると、仮の順位は得点の高い順に、中島＞太田＞山田＞鈴木＞佐藤　となる。また、鈴木を除く各人の発言は仮の順位における隣同士の大小比較であり、これが逆であっても全体的順位には影響しないことがわかる。ところが鈴木の発言は隣り合わない中島と佐藤の順位の話であり、この位置関係が変わると全体的内容に大きく影響してしまうので、うそをついているとは考えにくい。よって、3が正解。

斗分け・天秤

★例題 5

8リットル入る容器にガソリンが満たされている。これを3リットルと5リットルの容器を用いて、4リットルずつに分けようと思う。最低何回の移し換えで2等分できるか。

1 6回　　2 7回　　3 8回　　4 9回　　5 10回

解答のポイント

容器の移し換えで2等分にする問題を斗分け（油分け）という。①グラフを用いる解法、②表を用いる解法をマスターしよう。

解説

斗分けの問題は、①グラフを用いる解法と②表を用いて解く解法がある。

①グラフを用いる解法

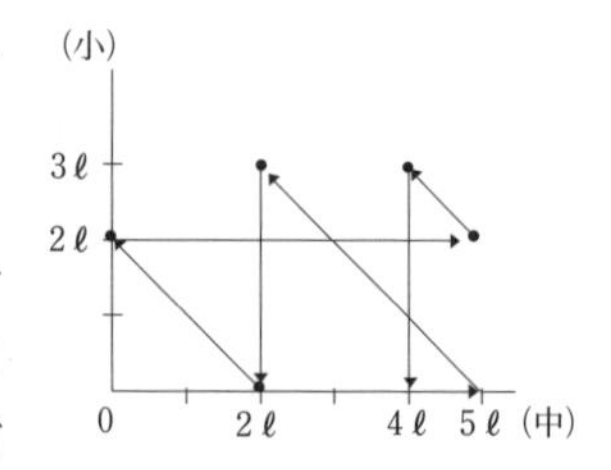

縦軸に小3ℓ、横軸に中5ℓの容器の容量を示すグラフを書く。まず原点より右側へ行ける所まで進むと、中5ℓ、小0ℓの点に行く。そこから対角線上に行ける所まで進むと、中2ℓ、小3ℓの点に行く。次に真下に下ろす。これを繰り返し4ℓの点にくるまで続ける。すると4ℓの点に達するまで7本の直線が引ける。直線1本は、移し換えの1工程に等しいので、7回で2等分できる。

②表を用いる解法

基本的には、大から中、中から小、小から大への順序で移し換えていく。3回目から4回目への移し換えのとき、順序どおり大から中へ移し換えると1回目の3・5・0という分け方と同じになってしまうので、このようなときは、1回とばして中から小への移し換えを行う。このように移し換えを進めていくとやはり7回目で2等分できる。

	(大)8ℓ	(中)5ℓ	(小)3ℓ
	8	0	0
1回で	3	5	0
2回で	3	2	3
3回で	6	2	0
4回で	6	0	2
5回で	1	5	2
6回で	1	4	3
7回で	4	4	0

※グラフを用いる解法は、小数レベルでの分け方をするときには不向きである。

解答 2

問題

9 14リットル入る容器にある液体が満たされている。これを9リットルと5リットルのガラスびんを用いて、7リットルずつに分けたい。最低何回の移し換えでちょうど半分にできるか。

1 11回　2 12回　3 13回　4 14回　5 15回

10 アルミニウム製の同じ電気部品が26個ある。この中に1個だけわずかに重い不良品が含まれているという。上皿天秤を用いてこの不良品を確実にみつけだすとき、最低何回の計量を想定しなければならないか。ただし、偶然の計量でみつかることはないものとする。

1 3回　2 4回　3 5回　4 6回　5 7回

11 ある日製造した同様の硬貨100枚の中に1枚だけわずかに質量の大きい不良硬貨が含まれていることがわかった。この1枚をみつけだすのに天秤を用いることにした。最低何回の計量でみつけだすことができるか。ただし、偶然の計量でみつかることはないものとする。

1 5回　2 8回　3 12回　4 25回　5 50回

解答 9 3　10 1　11 1

解説 10 13個ずつ2分割してはならない。9個、9個、8個と3分割し、その計量順序を右のフロー図で示す。図のように、3回の計量でみつけだすことができる。

9個、9個、8個に分ける
↓
①9個対9個の測定 → ②8個を3個・3個・2個に分け3個ずつを測定
↓
重い9個を3個ずつ分ける
↓
②3個ずつの2組を測定 → ③残りの3個のうち2個を取りだし測定
↓
③重い方の3個のうち2個を測定
つりあえば、残りの1個が重い

11 次の公式を用いる。$3^{y-1} < x \leqq 3^{y}$（枚数をx、最低計量回数をyとする）。
$x=100$で、$3^{4} < 100 \leqq 3^{5}$が成立する。したがって、最低計量回数は5回となる。

サイコロ

12 次の図は、目の配置が同じサイコロを4個積み上げ、同一方向から見たものである。このとき、積み上げられた4個のサイコロのそれぞれの底面の和はいくらか。

1　9
2　11
3　15
4　17
5　23

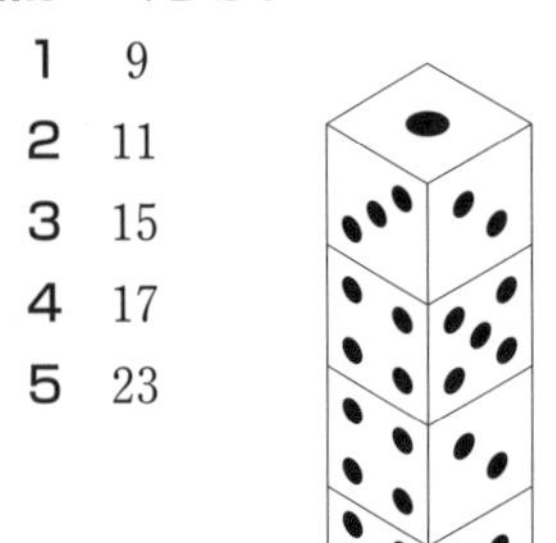

上から2段目

3段目

最下段

13 次の図は、サイコロを矢印の方向から見たときの目を示したものである。いま、この状態から前後左右に90度ずつ何回か回転させ、そのときにでている目の数を当てようと思う。ただし「右へ2回」とは、右へ90度ずつ2回だけ回転させるものと約束する。右へ6回、手前へ3回、左へ1回と回転したときの、上面にでている目の数はいくらか。

1　1
2　2
3　3
4　4
5　5

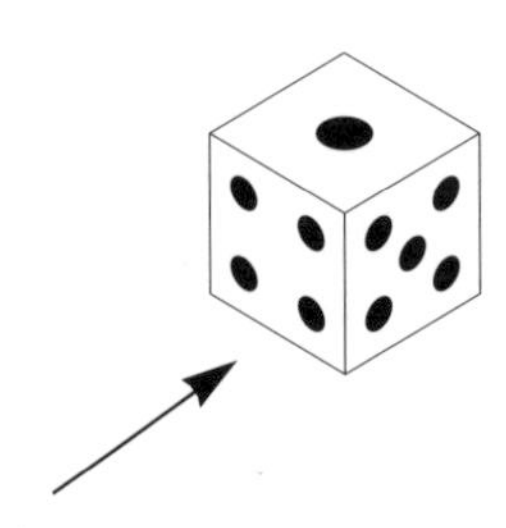

14 同じ目の配置の4つのサイコロを図のように積み上げたとき、下段にある2つの底面の、目の数の積はいくらか。

1 1
2 6
3 12
4 16
5 24

解答 12 4　13 2　14 2

解説 12 基本事項の確認だが、サイコロは1の目の裏は6、2の目の裏は5というように相対する面の目の数の和が7になっている。この性質を利用して、見取図から目の数を把握していく。
上から1段目のサイコロは2の目の左が3なので、その裏は4だとわかる。1の裏は当然6。上から3段目のサイコロは、1段目と2の目の向きが同じであるから、ちょうど180度回転（天地反転）されたものだといえ、その上面は6、下面は1。最下段のサイコロは、2の目の向きが逆であり、6の目の裏面は1であるから、上面は3、下面は4。これらのことから上から2段目のサイコロの上下の面を考える。3段目の情報より、2の目の裏は5であるから、その位置からこれを上下反転したものとわかる。上面は1、下面は6となる。したがって、4個のサイコロの底面の和は
6＋6＋1＋4＝17

13 4回転でもとにもどるので、右へ6回転＝右へ2回転となり、上面は6となるが、4の目の右側も5ではなく2となることに注意する。手前に3回動かせば、左右は変わらず上面は4となる。左へ1回動かせば2が現れる。

14 2や3の目の向きに注意する。右側上段のサイコロと右側下段のサイコロの3の目の向きに注目すると、右側下段のサイコロの上面は1、下面は6だとわかる。左側下段のサイコロは、2の目の向きから判断すると下面は1または6となる。したがって、その積は6または36となるが、選択肢には6しかないので、**2**が正解となる。

図形の軌跡

15 図は、正方形の中にその1辺を用いて描いた正三角形の頂点に印を入れたものである。この正方形を右へ90度ずつ滑らないようにして、もとの状態にもどるまで回転させるとき、印の軌跡は次のうちどれになるか。

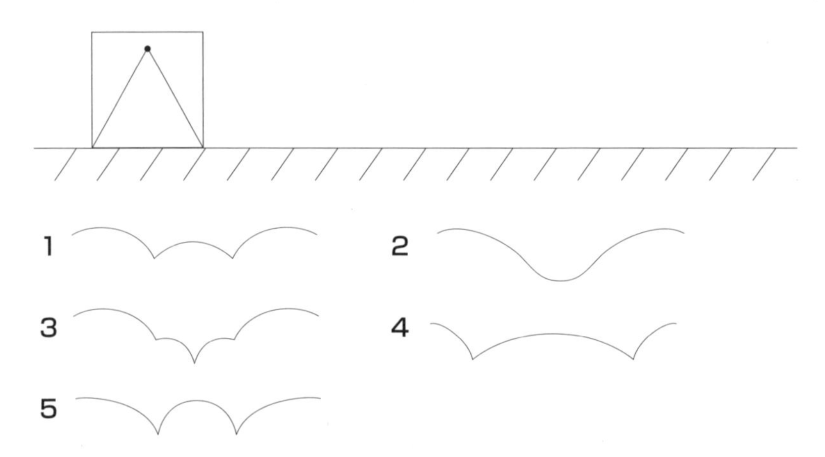

16 図は、中心角90度の扇形の中心角部分に印を入れたものである。これを右へ滑らないようにしてもとの状態にもどるまで回転させるとき、印の軌跡は次のうちどれになるか。

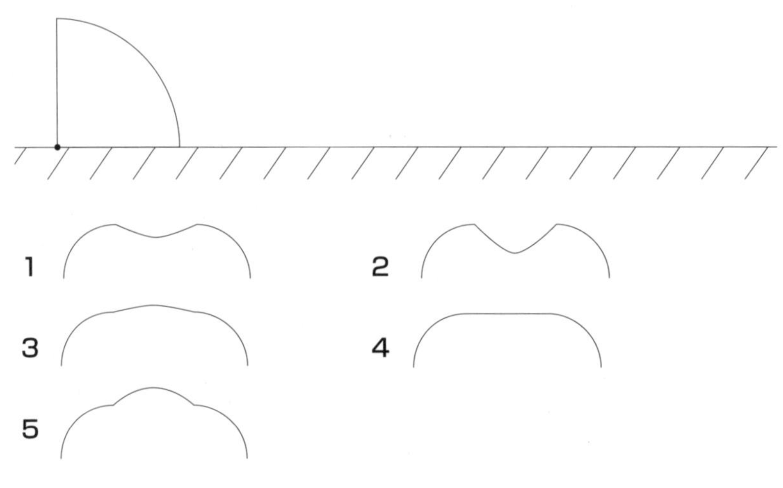

17 図で示すような凹凸部分を円が滑らないで転がるとき、その円の中心の軌跡は次のうちどれか。

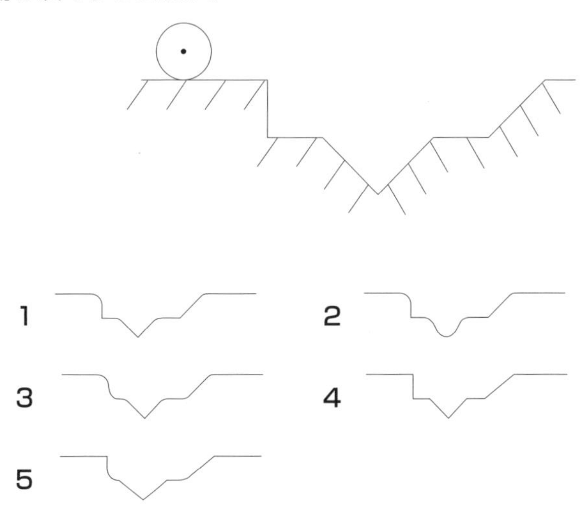

解答 15 3　16 4　17 1

解説 15

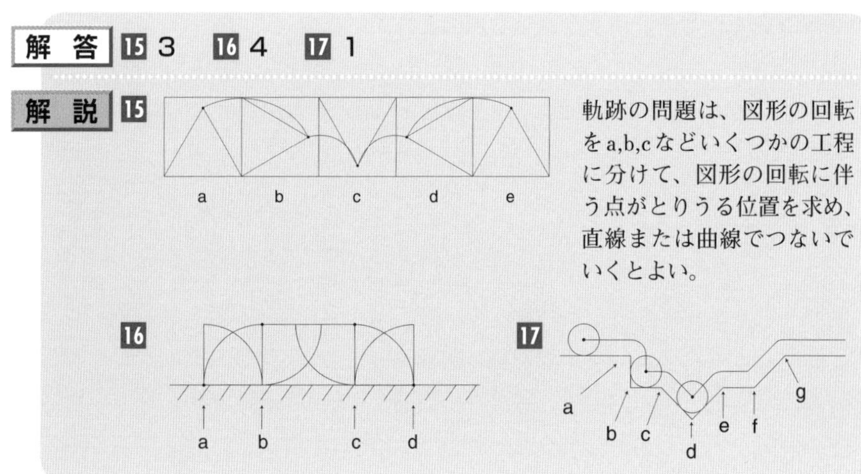

軌跡の問題は、図形の回転をa,b,cなどいくつかの工程に分けて、図形の回転に伴う点がとりうる位置を求め、直線または曲線でつないでいくとよい。

展開図

18 **図は、立方体を構成する12本の辺のうちの2本に印を太く付けたものである。この立方体の展開図上にその2本の印を示すとき、正しく示されたものはどれか。ただし、展開図上の辺の重なりはどちらか一方の辺だけ太くしてあればよいこととし、展開図はみえている面が表となるように折り曲げて組み上げることとする。**

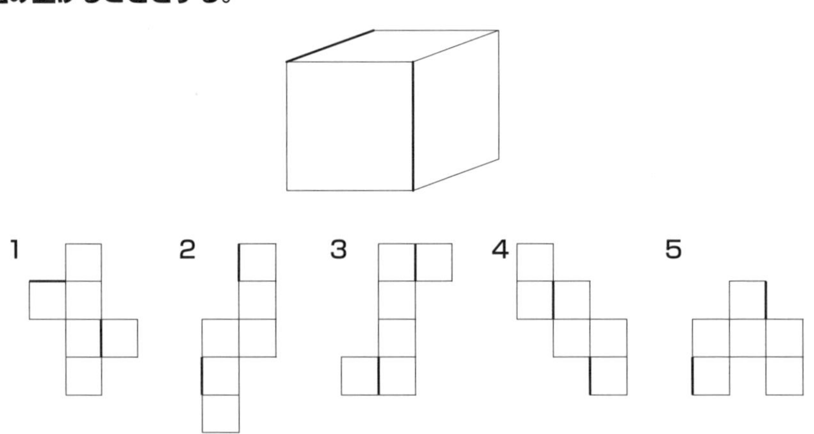

19 **図は、正八面体の展開図上の各点にAからJまで記したものである。これを組み立てたとき、点Aと重なる点はどれか。**

1　Cのみ
2　Eのみ
3　Fのみ
4　Gのみ
5　CとE

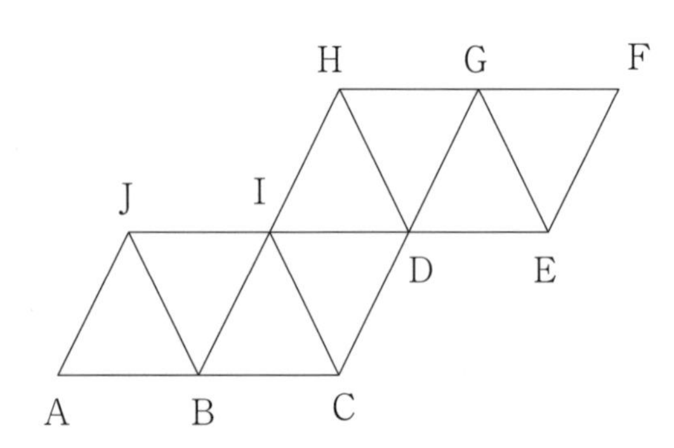

20 **図は、立方体の展開図に「A」と「B」を書き入れたものである。この展開図を組み立てたときにできる立方体はどれか。**

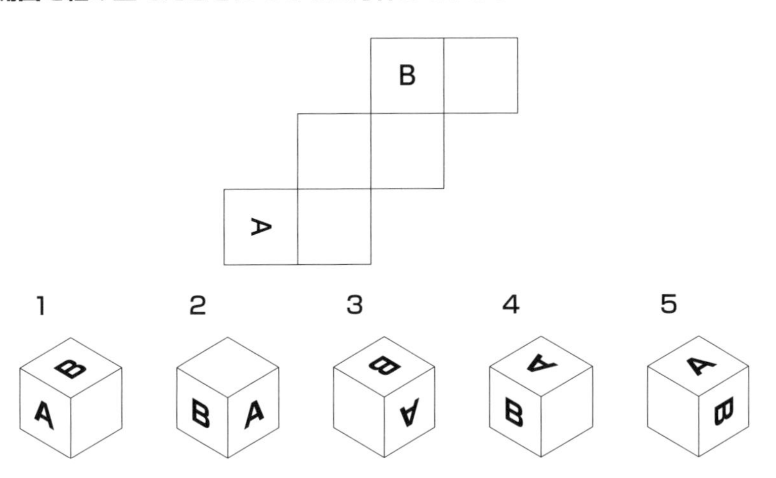

解答 **18** 3　**19** 4　**20** 3

解説 **19** 対応する点と点を考えていく。正八面体の1つの頂点には4個の正三角形が集まってできている。図で示すようにJとH，CとEのように近い頂点が対応する。さらに外側のAとG，BとFのように隣接する点が対応する。すでにGには3個の正三角形が集まっているので、Aと対応するのはGだけとなる。

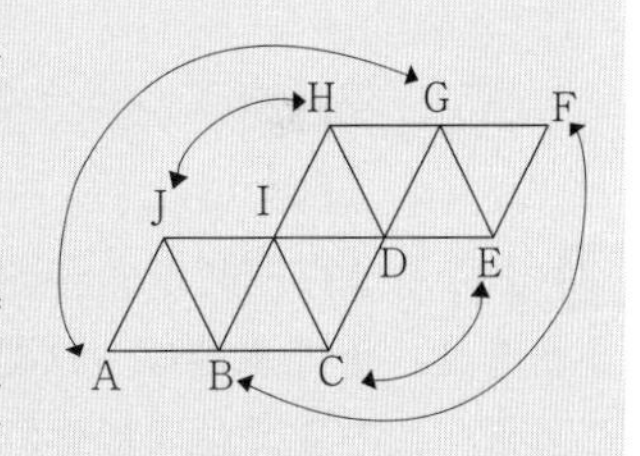

20 表面にA，Bと記されているので、山折りによって立方体をつくることがわかる。図のようにCの面がみえるように立方体を完成させると、AとBの向きがわかる。この位置にA，Bがあるのは**3**であり、Cの反対側よりみた図であることがわかる。

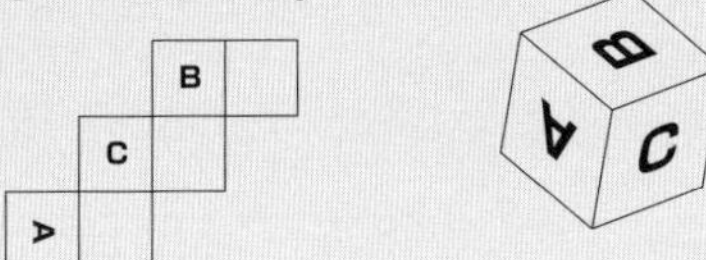

移動量・変化量の計算

21 **図のような台形ＡＢＣＤがある。いま、この台形の辺上を点ＰはＡからＣまで、毎秒2cmの速さで動いている。このとき、ＡとＰを結ぶ線分が台形ＡＢＣＤの面積を２等分するのは、Ａが動きはじめてから何秒後か。**

1　4秒
2　6秒
3　8秒
4　10秒
5　12秒

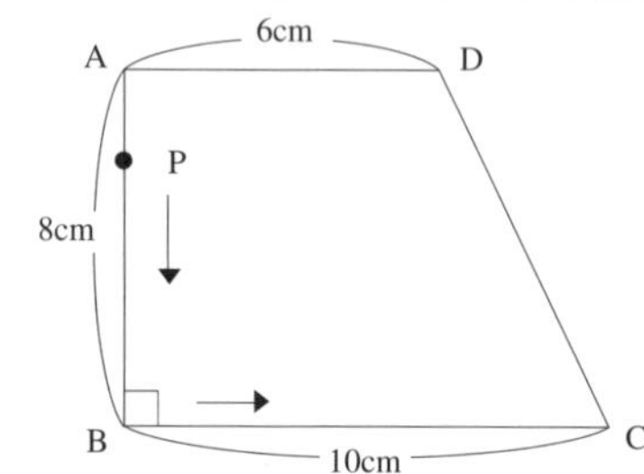

22 **図のように直線lと線分ＡＢが点Ｂで交わっている。いま、点Ｐはこの直線l上をＢからＣの方向へ毎秒2cmの速さで動き、そのときできる△ＡＢＰの面積は4cm²ずつ増えている。このとき、ＡＰが最短となる長さはどれだけか。**

1　2cm
2　3cm
3　4cm
4　5cm
5　6cm

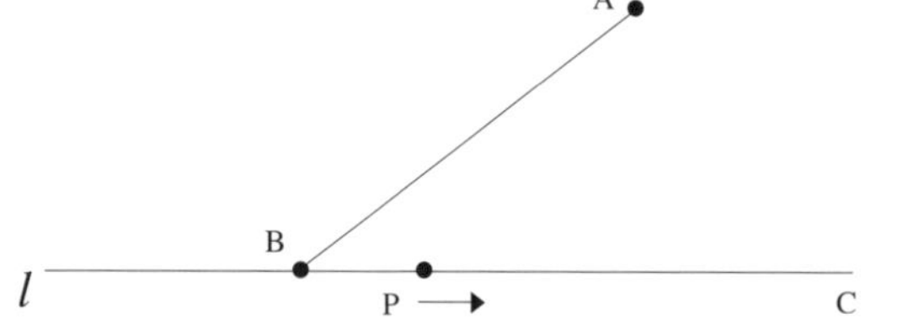

23 **図のような円錐形の容器に水を入れようと思う。その水量は１秒間あたり2cm³である。この容器が満たされるのは何秒後か。**

1　3.6秒後
2　9.0秒後
3　14π秒後
4　24π秒後
5　144π秒後

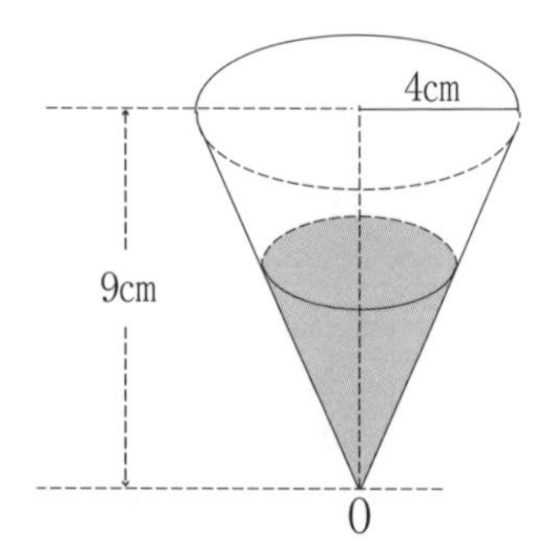

24 図のような台形ABCDがある。いま、この台形の上底および下底と垂直に直線 l が交わっている。また l は、BC上をBからCまで毎秒0.5cmの速さで動いている。このとき、台形ABCDの面積を2：1に分ける位置に到達するのは、l が動きはじめてから何秒後か。

1　3秒
2　7秒
3　12秒
4　16秒
5　19秒

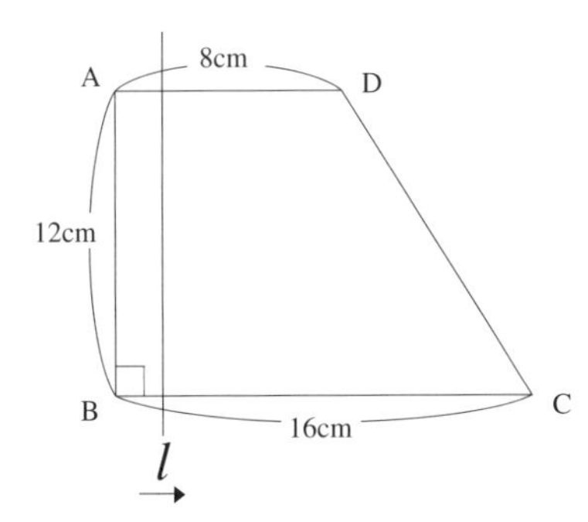

解答　21 3　22 3　23 4　24 4

解説

22 三角形の面積を考える。t秒後の動点Pは、Bより2tcmの位置にあり、また△ABPの面積は、毎秒4cm²ずつ増えるので、t秒後は4tcm²となる。APが最短となるのは、BCとAPが垂直になるときであるから、そのときの△ABPの面積は $4t=\frac{1}{2}\times 2t\times AP$ の関係がわかる。よって、AP＝4cm。

23 t秒間で水の体積は2tcm³となる。この容器の容量は、
$4\times 4\times \pi\times 9\times \frac{1}{3}=48\pi$ cm³だから、$2t=48\pi$ をtについて解く。
$t=24\pi$（秒）となり、24π 秒後に満水となる。

24 台形の面積は $(8+16)\times 12\times \frac{1}{2}=144$ cm²であるが、その面積を、2：1に分ける点は2か所存在することに注意する。一方を96cm²、他方を48cm²とすればよい。下図のような場合が考えられ、l が4cm動いたときは8秒後。l が8cm動いたときは16秒後となる。したがって、8秒後または16秒後となる。

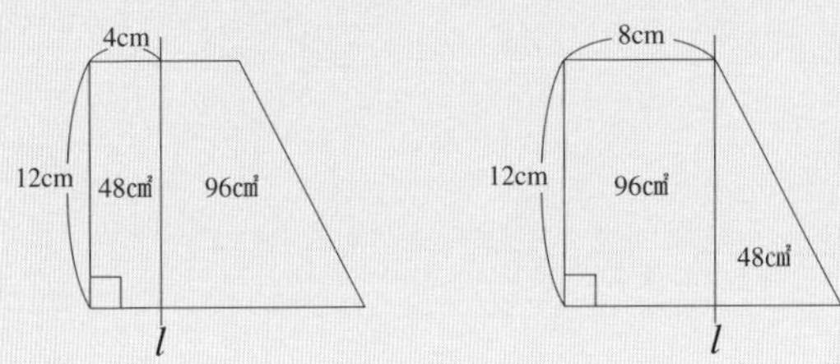

3 判断推理

立体図形の切断

25 図のような直方体を、ある点を通過するように切断しようと思う。このときの切断面について以下の（1）（2）に答えよ。

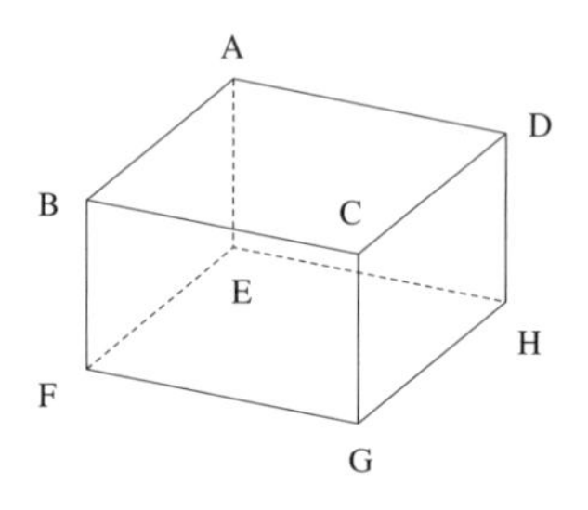

（1）B，E，Hの３点を通るように切断したときの切り口の形は、次のどれか。

1　直角三角形　　2　二等辺三角形　　3　平行四辺形
4　長方形　　5　ひし形

（2）B，H，ADの中点の３点を通るように切断したときの切り口の形は、次のどれか。

1　直角三角形　　2　二等辺三角形　　3　平行四辺形
4　長方形　　5　ひし形

26 図は、立方体のＡＢＣの3点を通るように頂点を切断したものである。これによってできる切断面の面積は、もとの立方体における1つの平面の面積の何倍か。

1　1倍

2　$\frac{\sqrt{2}}{3}$ 倍

3　$\frac{\sqrt{3}}{2}$ 倍

4　$\frac{\sqrt{6}}{2}$ 倍

5　2倍

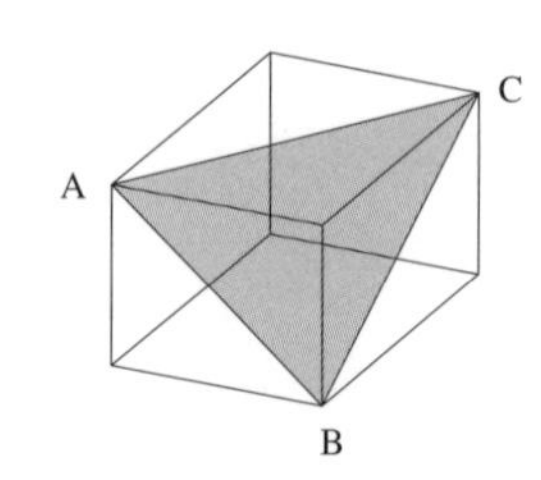

27 図は、立方体の1つの頂点を切断し、正三角錐を取り出したものである。このときの切断面となる正三角錐の底面の3辺ａｂｃをもとの立方体の展開図に書き入れたとき、正しく示すものは次のどれか。

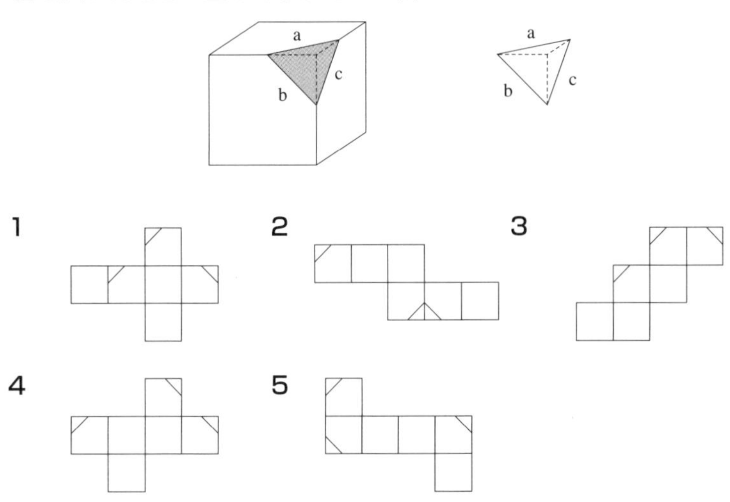

解答 25 (1) 4 (2) 3　26 3　27 4

解説 26 立方体の1辺をaとすると、正方形の面積はa^2となる。切断面は正三角形ＡＢＣとなることがわかる。ＡＢは正方形の対角線だから$\sqrt{2}a$となる。正三角形ＡＢＣの高さを考えると1辺の$\frac{\sqrt{3}}{2}$倍に等しいので、$\sqrt{2}a \times \frac{\sqrt{3}}{2} = \frac{\sqrt{6}}{2}a$となる。したがって、その面積は、$\frac{1}{2} \times \sqrt{2}a \times \frac{\sqrt{6}}{2}a = \frac{\sqrt{3}}{2}a^2$となり、正方形の面積aの$\frac{\sqrt{3}}{2}$倍となることがわかる。

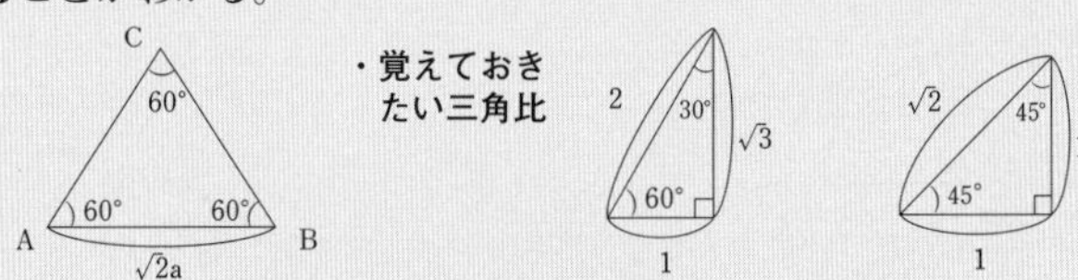

27 立方体の1つの頂点に集まった3つの平面上にa、b、cの3辺が存在している。これは、それぞれの展開図において、重なる辺を考えればよい。4を例示すると、破線で結ばれるもの同士がつながる。これ以外では、つながりが矛盾する。

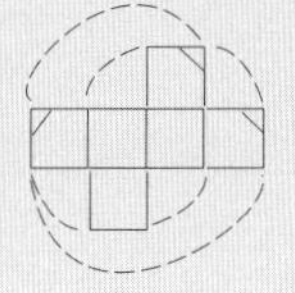

Lesson 4 資料解釈

数表解読・数図解読

1 表は、企業Aと企業Bの各年代の従業員数を示したものである。これについて誤っているものは、次のどれか。

(単位：人)

	20歳代	30歳代	40歳代	50歳代	60歳代
企業A	1824	2415	1614	1256	842
企業B	1312	1120	920	465	126

1　企業Aの全従業員数は、企業Bの約2倍である。
2　企業Bは企業Aより50歳未満の構成比率が上回る。
3　企業Aは30歳代が一番多い。
4　全従業員数に対する40歳代の占める割合は、企業Aの方が企業Bより大きい。
5　企業Aは60歳代が全従業員数の1割を超えるが、企業Bは超えない。

2 表は、東京都区部への昼間の流入人口とその居住地別シェアを示したものである。これについて誤っているものは、次のどれか。

(単位：%)

	昼間の流入人口	都内市町村	埼玉県	千葉県	神奈川県	その他
1970年代	139万人	24.5	25.1	18.2	28.2	4.0
1980年代	241万人	21.3	27.5	20.9	26.9	3.4
1990年代	303万人	19.9	26.6	23.0	26.3	4.2

1　1990年代の流入人口は1970年代の約2.2倍である。
2　1970年代では神奈川県からの流入がもっとも多いが、1980年代では埼玉県がもっとも多い。
3　埼玉県は、1990年代についてはもっともシェアが多い。
4　1990年代では神奈川県、埼玉県のシェアは減少している。
5　1990年代のその他のシェアの増大は、茨城県からの流入増加のためである。

3 表は、ある都市の電力需要と供給力を年度ごとに示したものである。表中の自社外とは、供給力のうち、適正な供給予備率を確保するために近隣の電力会社から受電した量を示している。これについて誤っているものは次のどれか。

（単位：万kw、%）

年度	2009	'10	'11	'12	'13	'14	'15	'16	'17
電力需要	4,245	4,471	4,688	4,781	4,908	5,037	5,167	5,297	5,427
供給力	4,629	4,827	5,030	5,164	5,307	5,486	5,583	5,749	5,870
うち自社外	782	831	846	893	903	976	1,013	991	1,025
供給予備率(%)	9.0	8.0	7.3	8.0	8.1	8.9	8.1	8.5	8.2

1　電力需要は年々増加傾向にある。
2　供給力は年々増加傾向にある。
3　2011年度は、電力需要が増えたために供給予備率が最低となる。
4　電力需要に対する供給力の割合がもっとも大きいのは、2009年度である。
5　供給力のうち、自社外を除くとすべての年度で電力需要に対する供給力は不足する。

解答　1 4　2 5　3 3

解説　2 1．流入人口は1990年代が303万人で、1970年代の139万人の約2.2倍。2．3．4．1970年代の最大流入シェアは神奈川県、1980年代は埼玉県、1990年代も埼玉県。1970年代から1980年代では埼玉県は増加、神奈川県は減少し、1980年代から1990年代では、埼玉県も神奈川県もシェアを減少させている。5．その他については1990年代で増加させているが、それは茨城県からの流入とは断定できない。

3 1．2．表でみる限り電力需要も供給力も年々増加している。3．供給予備率は(供給力－電力需要)÷電力需要　で求める。2011年度は7.3と予備率は最低となるが、その理由は電力需要の増加だけでなく供給力の減少も考えられる。4．電力需要に対する供給力の割合は、供給／需要で求められるので、2009年度は1.0905で最大となる。5．自社外供給を除いた供給力は、どの年度でも電力需要に不足している。

4 グラフは、ある国の1人1日当たりの食塩摂取量の年次推移である。これに関する記述のうち、正しいものはどれか。

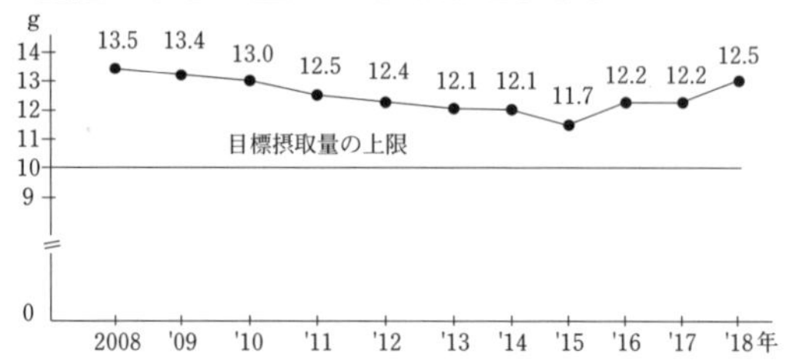

1　2008年から2015年までの7年間で減少していたが、2015年からの7年間で2008年次の摂取量13.5gにもどってしまう。

2　2015年以降の摂取量の増加は、好景気が原因といえる。

3　減少傾向から増加傾向に転じている2015年は、食生活側面への大きな変化の年であったといえる。

4　約1gの減少に5年以上経過しており、目標摂取量には50年かかる。

5　2015年では最低値を示すが、最低値が偶然表れたものといえる。

5 図は、A国民の摂取エネルギーの栄養素別構成割合の年次推移である。これに関する記述のうち、誤っているものはどれか。

	たん白質	脂肪	糖質
1980年	13.3	8.7	78.0
1990年	13.1	14.8	72.1
2000年	14.6	22.3	63.1
2010年	15.1	24.6	60.4
2012年	15.4	25.5	59.1
2014年	15.6	25.7	58.7
2016年	15.5	25.3	59.2

0　50　100 (%)

1　1980年から2016年までのたん白質の占める割合は、脂肪や糖質の占める割合よりも変化が少ない。

2　2010年までは脂肪が増加し、糖質は減少する傾向にある。

3　2016年の糖質摂取率は1980年の約75%となる。

4　もっとも変化が大きかったのは、1980年から1990年の脂肪の増加である。

5　2012年以降では大きな変化がなく、今後も一定であることがわかる。

6 図は、ある地域の新規学卒者の初任給の上昇率と求人倍率を示したものである。これに関する記述のうち、誤っているものはどれか。

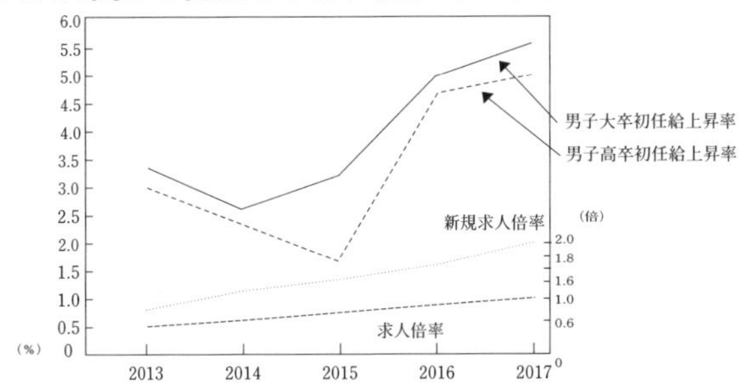

1 大卒初任給上昇率は、高卒初任給上昇率より常に高い。

2 2015年の大卒初任給上昇率は、高卒初任給上昇率の約1.3倍である。

3 2015年以降の初任給上昇率は、大卒も高卒も上昇し、好景気であることがわかる。

4 2015年から2016年の高卒初任給上昇率の変化が最大である。

5 求人倍率と新規求人倍率は、ほぼ平行している。

解答 4 3　5 5　6 2

解説

4 1. 2015年を境に減少から増加へ転じたが、7年間減少していた食塩摂取量が、その後の7年間でもとにもどるとは限らない。'18年以降減少することも考えられる。2. 好景気は一要因だが、原因とはいえない。3. 5. 2010年からの減少傾向は偶然ではなく、食生活の大きな変化による。4. 約1gの減少に要したのは3年間。

5 1. '80年から'16年までのたん白質の変化は、脂肪や糖質に比べ少ない。2. '10年までは脂肪の増加、糖質の減少が著しく、帯の占める割合が大きく変化している。3. '16年の糖質摂取率は'80年に比べ18.8%の減少だが、その比率は糖質78%を100とした場合の約75%である。4. グラフの変化に注目すると、'80年から'90年の脂肪の変化が最大で約170%の増加となる。5. '12年以降には大きな変化はないが、その後も一定であるという保証は図中にはない。

6 1. 大卒初任給上昇率は高卒よりも常に高い。2. 2015年は大卒初任給上昇率はさらに上昇し、高卒の約1.8 倍である。3. この2つの初任給上昇率がはね上がったことから、社会に変化があり、その変化とは、景気がよくなったことだと考えられる。4. 2015年から2016年にかけて高卒初任給上昇率の変化が最大に上昇し、グラフの傾きが大きくなっている。5. 求人倍率と新規求人倍率はやや開きはあるものの、ほぼ平行した動きといえる。

指数解読と分布

7 表は、3つの商品の販売指数の年次推移を示したものである。これに関する記述のうち、誤っているものはどれか。

	平成16年	17年	18年	19年	20年
商品A	100	112	122	134	140
商品B	100	128	103	98	92
商品C	100	102	110	112	113

1 商品Cは平成17年から18年にかけてもっとも販売量を増やした。

2 商品Aは順調に販売量を伸ばしている。

3 販売の変動が著しいのは商品Bである。

4 商品Cは平成18年以降、販売量が伸び止まりの傾向がある。

5 販売実数は商品Aが最大である。

8 図は、平成元年を100としたときの平成元年から平成7年までの建床面積別単身用住宅供給指数を示したものである。これに関する記述のうち、誤っているものはどれか。

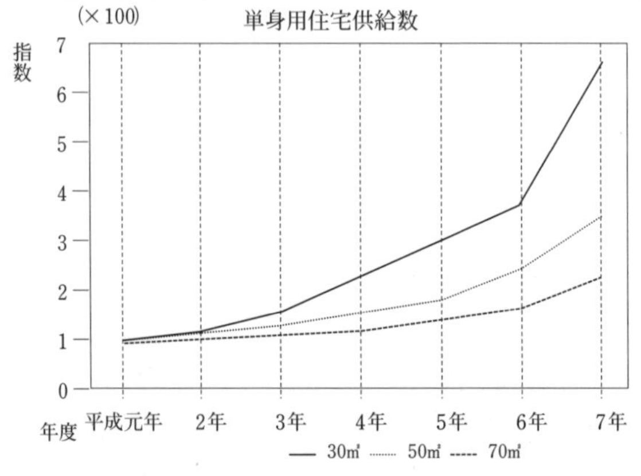

1 いずれの面積であっても、年度ごとの変化は増加傾向にある。

2 平成3年以降は30㎡の供給が著しい。

3 面積が広くなるほど、単身者への供給率は減少する。

4 平成7年の30㎡の供給は、平成元年のそれの6倍を超える。

5 70㎡の供給は経年変化が少ない。